JN232497

ロジスティクス概論

菊池 康也 著

税務経理協会

まえがき

　1990年代に入って企業物流の変化は目をみはるものがある。今まさに，企業の物流はロジスティクスへと大きく変化している。
　この背景をみると，
(1) **顧客要求のたえざる変化に迅速，的確に対応しなければならないように変わってきていること**
　　消費者が望んでいる顧客サービスに合った流通能力を開発する必要があり，より高い顧客サービスをより安いコストで提供できる能力が必要になった。
(2) **ジャストインタイムの考え方が，国際的に広がりをみせており，時間をめぐる競争において優位に立つことが必要になったこと**
　　スピードを重視した経営が重要性を持つ時代に入って，市場や顧客の動向を迅速に読み，最大限のスピードでこの動向に対応するロジスティクス能力が必要になった。
(3) **世界的な大競争（メガコンペティション）時代を迎えてサービスとコストの競争の激化から競争の優位性を確保するため企業の枠を越えた統合管理が必要になったこと**
　　世界的な経済のスローダウンとグローバル化によって，大競争時代を迎えて，サービスの向上とトータルコストの削減と収益性確保をめざした効率的経営志向が求められている。そのため，「物の動き」を効率化するため，サプライチェーン全体を統合的に管理する必要が出てきた。
(4) **グローバル化の進展によって，調達，生産，物流，販売などのグローバルオペレーション体制の確立が必要になったこと**
　　企業取引がグローバル化するにつれ，国境を越えて生産・販売業務を効率的に支援する必要が出てきた。もはや，単純なロジスティクス能力では

十分でない。エクセレントなロジスティクスマネジメントによって複雑な多国間にわたる業務の組み合わせが必要になった。

(5) **企業はコアコンピタンス（競争力の源）に特化することによって競争の優位性を確保する必要がでてきたこと**

多くの企業は資源制約に直面し，企業は総自前主義を反省し，人，物，金などの経営資源を集中配分する必要がでてきた。

(6) **ビジネスプロセスの全体の効率化のため，企業間の戦略的提携が必要になったこと**

製品の機能，品質，価格の差別化が困難になってきているところから，物，サービス，情報などの動きの全体の効率化のため，企業間の協働（collabo- ration）が必要になった。

(7) **情報・通信技術の進展によって企業間の統合が可能になったこと**

情報や通信技術の急速な革新によって，業務の効率化や意思決定支援のための情報システムの構築が可能になるだけでなく，部門間，企業間の統合が可能になった。

(8) **規制緩和によってビジネスチャンスの到来や自由かつ公平なサービス競争が可能になったこと**

規制緩和によって，世界的により自由化された政治的，経済的な環境の出現によって，真にロジスティクスが競争上，積極的な役割を果たすことができるさらに大きな機会が創出された。

などがあげられる。

このような企業を取り巻く環境変化によって，企業の物流はサービスの向上，コストの削減，スピード経営やキャッシュフローの効率化など効率的経営志向が求められている。

これは，企業は製品の機能，品質の差別化や価格の差別化から企業間で良好な関係を構築して，物，サービス，情報，金の動きのビジネスプロセスを差別化する時代に入ったと言っても過言ではない。

つまり，企業間で協働関係を築いて，物やサービスなどの供給の仕方で差別

化する時代に入ったと認識する必要がある。ビジネスプロセス自体が競争の源泉であり，ビジネスプロセスの改革が経営革新の中心になったと言えよう。

まさに，ロジスティクスが経営戦略そのものとなり，企業の物流をそこまで高める必要が出てきたことである。

以上のように，ロジスティクスが経営の中で益々重要性を増すとともに複雑性と困難性が増幅，拡大している。

筆者は，すでにロジスティクスの実務と基礎理論などを理解しやすいように「最新ロジスティクス入門（改訂版）」(税務経理協会刊) を著している。

この度，さらに，ロジスティクスを深く学びたい方々のために本書を著した。本書をまとめるにあたり，海外の多くの文献を参考にさせていただいた。

直接引用した箇所や参考にさせていただいたところは出所を明記したつもりである。

その筆者に紙面を借りて御礼を申し上げます。

何はともあれ，本書が，読者にとって少しでもロジスティクス理論の高度化や企業のロジスティクス向上のための参考書として役立つことができれば望外の幸せとするところである。

最後に，本書を著すにあたり，出版の専門的立場からいろいろ助言と指示を賜った㈱税務経理協会書籍企画部の川松和夫，新堀博子両氏に厚くお礼申し上げます。

平成12年4月

菊池　康也

目　次

まえがき

第1章　ロジスティクスの歴史的発展

1　アメリカの物的流通，ロジスティクスの歴史的発展 ……… 1
2　わが国の物的流通(物流)，ロジスティクスの歴史的発展 ……………………………………………………………… 8

第2章　ロジスティクスとその本質

1　ロジスティクスが要請される背景 ……………………………16
2　ロジスティクスの定義 …………………………………………19
3　ロジスティクスの特徴 …………………………………………21
4　アメリカの「物の動き」の統合の歴史的発展段階 …………24
5　わが国の「物の動き」の統合の歴史的発展段階 ……………26
6　統合概念 ………………………………………………………27

第3章　ロジスティクス概念の歴史的発展と将来

1　アメリカのロジスティクス概念の歴史的発展 ………………31
2　わが国のロジスティクス概念の歴史的発展 …………………36

3　将来のロジスティクス概念 …………………………………41

第4章　ロジスティクスと生産，マーケティングなど主要機能との関係

　　1　ロジスティクス機能 ……………………………………………45
　　2　マーケティング機能とロジスティクス ………………………51
　　3　生産機能とロジスティクス ……………………………………54
　　4　調達機能とロジスティクス ……………………………………55
　　5　製品開発設計機能とロジスティクス …………………………56

第5章　ロジスティクス戦略

　　1　代表的なロジスティクス戦略 …………………………………59
　　2　ロジスティクス戦略 ……………………………………………64

第6章　顧客サービス戦略

　　1　顧客サービスとマーケティング ………………………………67
　　2　顧客サービスとロジスティクス ………………………………68
　　3　顧客サービスの重要性 …………………………………………70
　　4　顧客サービスの目的 ……………………………………………70
　　5　顧客サービスの定義とその構成要素 …………………………71
　　6　顧客サービス戦略の展開 ………………………………………75

第7章　ロジスティクスの中心的命題である生販物統合

1　同期化戦略 …………………………………………86
2　スピード化戦略 ……………………………………88

第8章　生販物統合への各部門の役割

1　生販物統合とマーケティング部門 ………………98
2　生販物統合と生産部門 ……………………………101
3　生販物統合と調達部門 ……………………………105
4　生販物統合と製品開発設計部門 …………………106
5　生販物統合と物流部門 ……………………………107

第9章　サプライチェーンマネジメント

1　サプライチェーンマネジメントの出現の背景 …110
2　サプライチェーンマネジメントの定義 …………110
3　サプライチェーンマネジメントの特徴 …………112
4　サプライチェーンマネジメントの目的 …………113
5　サプライチェーンマネジメントとロジスティクスとの違い ……………………………………………115
6　わが国のサプライチェーンマネジメントの現状と課題 ……………………………………………………117
7　統合化の方法 ………………………………………119

8　サプライチェーンマネジメントの成功原則…………………122

第10章　サプライチェーンの基本構造

　　1　ビジネスプロセス………………………………………………126
　　2　サプライチェーンのビジネスネットワーク…………………128
　　3　サプライチェーンの組織，機能………………………………132
　　4　サプライチェーンにおけるチェーンリレーション…………134

第11章　サプライチェーンマネジメント戦略

　　1　基本方針の策定…………………………………………………141
　　2　「物の動き」の現状分析とギャップ分析……………………143
　　3　サプライチェーンマネジメント戦略の展開…………………144

第12章　サプライチェーンにおける延期戦略と投機戦略

　　1　延期原理と投機原理とは………………………………………157
　　2　延期原理と投機原理の領域……………………………………159
　　3　延期原理と投機原理のメリット，デメリット………………161
　　4　延期戦略と投機戦略……………………………………………163
　　5　戦略の選択………………………………………………………166

第13章　サプライチェーンにおける業績評価

1　業績評価……………………………………………171
2　サプライチェーンマネジメントにおける業績評価…………173

第14章　サードパーティロジスティクス

1　サードパーティロジスティクスの定義………………180
2　サードパーティロジスティクスの出現の背景………180
3　サードパーティロジスティクスの目的………………185
4　サードパーティロジスティクスのサービス業務……188
5　サードパーティロジスティクスのもとでの荷主と
　　物流事業者の関係………………………………………190
6　サードパーティロジスティクスのメリット，
　　デメリット………………………………………………194

第15章　サードパーティロジスティクス事業者の選定と契約

1　サードパーティロジスティクス事業者の選定………197
2　サードパーティロジスティクス事業者との契約……202

第16章　サードパーティロジスティクス事業の現状と課題

1　サードパーティロジスティクス事業者の形態……………208
2　サードパーティロジスティクスへの障害とその克服………210
3　サードパーティロジスティクス事業の必要要件……………213
4　わが国のサードパーティロジスティクス事業者の特徴……215
5　わが国でのサードパーティロジスティクスの定着課題……217

索　　引……………………………………………………223

ロジスティクス概論

菊池康也 著

税務経理協会

[第1章]

ロジスティクスの歴史的発展

> 1990年代に入って,顧客要求変化への対応,規制緩和の推進,ジャストインタイム化,グローバル化,情報技術の急速な革新など企業を取り巻く環境が大きく変化する中で,企業の物流はロジスティクスへと大きく変化してきた。将来,ロジスティクスはどのように進展するのであろうか。
> 本章では,アメリカおよびわが国の物的流通(Physical Distribution 物流),ロジスティクスが歴史的にどう発展したかを概観することによって将来のロジスティクスについて展望する。

1 アメリカの物的流通,ロジスティクスの歴史的発展

まず,アメリカの物的流通(物流),ロジスティクスが歴史的にどう発展してきたかをみると,おおよそ次の5段階に分けることができよう。

第1段階 1950年以前——輸送・保管活動の時代
第2段階 1950年代~60年代——物的流通(Physical Distribution 販売物流)の時代
第3段階 1960年代~70年代——物的流通(販売物流)と調達物流(Physical Supply, Material Management)の機能的管理の時代
第4段階 1970年代~80年代——企業内サプライチェーン統合(Internal

Supply Chain Integration, Internal Supply Chain Linkage）の時代
第5段階　1980年代〜90年代——企業間サプライチェーン統合（External Supply Chain Integration, External Supply Chain Linkage）の時代

それぞれの特徴は，以下のとおりである。

第1段階　1950年以前——輸送・保管活動の時代

　この時代は，輸送・保管活動の時代と位置づけることができる。

　主に輸送・保管活動を個別活動レベルで管理した時代である。アメリカでは産業革命から1920年代まで，技術の進展，労働の専門化，豊富な天然資源，ゆるやかな政府規制などによって経済が発展し市場も大きく拡大した。この時期は，まさに需要に供給が追いつかない時代で，生産に大きな力が払われた時代である。

　しかし，1930年代に入って経済の停退局面を迎えて需給が悪化し，企業は生産からマーケティングへと関心が移る[1]。

　この間，1916年にA.C.ショーはその著「ビジネス問題へのアプローチ（An Approach to Business Problems）」という書物の中でロジスティクスの戦略的側面を論じている[2]。また，1922年にはF.E.クラークが「マーケティングの原理（Principles of Marketing）」という著書の中でマーケティングを所有権の移転と物的流通（Physical Distribution）と定義しているが[3]，当時はあまり物的流通については関心が払われなかった。

　要するに，この時代は，物的流通未発達の時代と位置づけることができる。生産やマーケティングが中心でありこれらによって利益が確保されることから，輸送・保管活動はマーケティング，生産の付随的活動として位置づけられ，この活動の非効率は拡大する需要の陰にかくれていた[4]。どちらかというと輸送・保管活動は金食い虫で必要悪と思われていたようだ。

第2段階　1950年代～60年代——物的流通（Physical Distribution 販売物流）の時代

この時代は，物的流通を機能的に統合した時代と位置づけることができる。

この物的流通は，販売物流をさし，顧客の要求に対して最小のコストで完成品を顧客に届けるよう管理することである。

1950年以前が輸送・保管活動などを個別に管理したのに対してこの時代はそれらの活動を統合した時代と言える。

1956年に，H.T.ルイス，J.W.カリントンとJ.D.スティールが「物的流通における航空輸送の役割（The Role of Air Freight in Physical Distribution）」という著書で，物的流通の領域にトータルコストアプローチ（Total Cost Approach）を開発したことは画期的なことであった[5]。このトータルコストアプローチは，輸送と保管のトレード・オフを明らかにし，物的流通の統合化に重要な役割を与えた。ただ，ここで留意すべきことは，物的流通統合化のキッカケはトータルコストアプローチのみによるものではなく他に消費者の需要パターンと態度の変化，産業へのコストプレッシャー，情報テクノロジーの進展などがあげられる[6]。

しかし，1950年代はマーケティングのコンセプトが大いに発展した時代で必ずしも物的流通には大きな関心が持たれていなかった。

1954年にP.D.コンバースは「マーケティングの他の半分（The Other Half of Marketing）」という書物の中で，企業は物的流通よりもマーケティングに多くの関心を払いすぎていると批判している[7]。また，1962年にP.ドラッカーは「経済の暗黒大陸（The Economy's Dark Continent）」という論文の中で「We know little about distribution today than Napoleon's contemporaries know about the interior of Africa（今日，私達はナポレオンと同時代の人々がアフリカ大陸の内部について知っていた程度以上に流通について知らない）」と述べたことはあまりも有名である[8]。

これは，物的流通は，商品がつくられたあと最も軽視された領域であり，

また最も将来性のある領域であることを意味している。

以上からこの時代は,この物的流通の主な機能である輸送,保管を個別に管理する時代からこれらを統合的に管理する時代であったと言えよう。

第3段階　1960年～70年代──物的流通（販売物流）と調達物流（Physical Supply, Material Management）の機能的管理の時代

この時代は,物的流通（販売物流）と調達物流を機能的に管理つまりそれぞれの機能を個別に管理した時代である。

1950年代～60年代は物的流通（販売物流）中心であったが,60年代に入って調達物流が発展してくる。アメリカではこの時期に多くの企業はロジスティクス機能に購入あるいは調達機能を加えている[9]。それは,生産のために必要な原材料,資材や部品が購入されるサプライヤーの地理的位置が,輸送費に直接関係していること,また,それらの購入や購入量をどう効果的に行うかによって輸送費や在庫費に大きく影響することなどから,調達物流が大きくクローズアップしてきた理由である[10]。残念ながら当時は物的流通と調達物流は密接な関係が確立していなかった。

要するに,この時代は物的流通と調達物流を個別に機能管理した時代で,両機能の統合は存在していない。

ただ,この時代に物的流通と調達物流のための技術としてＭＲＰ（Materials Requirements Planning　原材料・資材所要量計画,原材料から製品に至るまでの資材,部品の流れをコンピュータで管理しその所要量を設定,計画する方法），ＭＲＰⅡ「(Manufacturing Resource Planning　生産資源計画,設計,財務,生産,ロジスティクス,マーケティングといった,企業におけるすべての機能の活動を全社的に計画し管理する），ＤＲＰ（Distribution Requirements Planning　流通所要量計画,工場,物流センター,デポごとに安全在庫を切らさないように物流量を計画的に管理する方法），ＤＲＰⅡ「(Distribution Resource Planning　流通資源計画,倉庫スペース,人的資源,輸送能力などの流通システムの主要資源の計画を含めて,各段階で安全在庫を切らさないよう物流量を計画的に管理する）が開発

この企業間サプライチェーン統合システムこそサプライチェーンマネジメント(供給連鎖管理)と言われるものである。要するにこのサプライチェーンマネジメントはサプライヤーから最終顧客に至るまでの各チャネル全体の「物の動き」の全体最適を求めるものと言える。

この供給連鎖管理が生まれた背景は,「供給連鎖管理は,この機能的統合の概念を,企業を越えて供給連鎖に含まれる企業に拡張しようとするものであり,1990年代にむけての統合概念をもたらすものである。供給業者,顧客,3P(サードパーティ)・サービス提供業者がチャネルを一層効率的にしかも競争的にするために必要な情報と計画を共有する。この共有活動は伝統的なしかも敵対的な購買者と販売業者間の関係に比べると,ずっと正確で詳細にわたるものである。供給連鎖管理アプローチは,今日では価値の高いものとなっているが,それは変動している競争環境に由来するものであり,運営的または競争的戦略に対する必要性に由来するものである。そしてその戦略とは企業の資産をレバレッジとして顧客サービス目標をより十分に達成しようというものである」[16]。

このような企業間サプライチェーン統合を可能にしたものは,グローバル化の進展,さらなる規制緩和,情報技術の進歩に負うところが大きい。

さらに,このサプライチェーンマネジメントは90年代に入って単なる提携や外注化から戦略的提携,戦略的アウトソーシング(Strategic Outsourcing)へと進化してきている。つまり,物流事業者,卸売業者などによるサードパーティロジスティクス(Third Party Logistics)が台頭してきている。

なお,このような状況の中で,CLMは,1998年にロジスティクスの定義を次のように変更している。

「ロジスティクスとは顧客の要求に適合することを目的として,物,サービスとそれに関連する情報の産出地点から消費地点に至るまで,フローと保管を効率的,効果的に計画,実行,統制するサプライチェーンプロセス部分である (Logistics is that part of the supply chain process that plans, implements and controls the efficient, effective flow and storage of goods, services and related information from the point of origin to the point of consumption in order to meet customer's requirements.）」。

これは，物・サービス，情報，金などのサプライチェーンプロセスのうち，物・サービス，情報の流れのロジスティクス部分を明確にしたものと思われる。

2　わが国の物的流通（物流），ロジスティクスの歴史的発展

次にわが国の戦後の物的流通（物流），ロジスティクスの歴史的な発展についてみるとおよそ次の4段階に分けることができる。

第1段階　昭和30年代――輸送力確保の時代
第2段階　昭和40年代――物流コスト管理の時代
第3段階　昭和50年代～60年代――戦略的物流の時代
第4段階　昭和60年代――ロジスティクスの時代

以下それぞれについて，その特徴について考えてみる。

第1段階　昭和30年代――輸送力確保の時代

　　この時代は，輸送力確保の時代と位置づけることができる。
　　昭和30年代は，需要に供給が追いつかない時代であった。
　　急激な経済成長によって企業は必要な輸送力の確保を最大の任務とした。この時代の物流は，輸送活動が中心であり物的流通という包括的概念もなく重要視されなかったこと，物的流通機能が本社でも現場でも他の機能の中に分散していたこと，物的流通全体を担当する部門はなく，ごく一部を専門的に担当していたことなどである。

第2段階　昭和40年代──物流コスト管理の時代

　この時代は，物流コスト管理の時代と位置づけることができる。

　わが国に物的流通（Physical Distribution）という言葉が紹介されたのは，昭和30年代前半である。

　それは，昭和31年10月から11月にかけて日本生産性本部がアメリカに派遣した流通技術専門視察団が帰国後発表した「流通技術」（日本生産性本部 Productivity Report 第33号）という報告書の中に初めて Physical Distribution という言葉が使われたと言われている。

　この Physical Distribution が物的流通と訳され，社会に認知されたのが昭和39年～40年頃である。

　つまり，この時期，昭和39年に通産省産業構造審議会流通部会の中に物的流通委員会が設けられたり，昭和40年1月に閣議決定された「中期経営計画」に物的流通の近代化が取り入れられそれ以来これが公用語，産業用語に確定し，これがさらに「物流」に短縮されて今日に至っている[17]。

　このように，昭和40年代前半はアメリカから「物的流通」という概念が入って，企業は，輸送よりもより広い概念つまり保管，荷役，包装などを考え，さらに，それらを個別に合理化することに取り組んだ。さらに，40年代中頃からそれらを個々に合理化することから，それらをトータルに合理化・効率化を進めるようになる。

　さらに，昭和40年代中頃から物流は「第3の利潤源」として重要性が認識されるようになった。生産の合理化によるコスト引き下げは軌道にのったが，市場における販売競争の激化によって利益の確保が難しくなり，そこで物流を「第3の利潤源」として物流コスト低減のためあらゆる合理化を進めた。その経緯をみると以下のとおりである。

　前に述べたようにアメリカでは1962年（昭和37年）に経営学者のP.ドラッカーが「フォーチュン誌」へ寄稿した「経済の暗黒大陸」という有名な論文が，マスコミなどによって「流通は暗黒大陸のように解明されていないところが沢山あり，流通分野をコスト削減の最後のフロンティアであ

る」として取り上げられた。

特に昭和40年代中頃の高度経済成長時代に物流をアピールするキャッチフレーズとして大きな話題となった言葉「物流は第3の利潤源」が普及した。これは，売上増大と製造原価低減につぐ第3番目の利潤源が物流費の低減というわけである。

このように，物流コスト管理を重要視することによって
(1) 物流への関心が大いに高まる。
(2) 物流という概念が生まれ，独立の機能として認められる。
(3) 物流コスト削減のため全社的に管理する体制ができた。
(4) 全社的な物流システムが構築されるようになる。
(5) 全社的な物流管理組織が整備されるようになる。

この物流コスト管理を重要視することによって，物流の合理化，物流のシステム化，物流管理組織の整備等の功績は大きい。

これらによって戦後のわが国の企業物流の基本的枠組みが整ったと言っても過言でない。

ただここで留意すべきことは「物流は第3の利潤源」論には物流の販売効果への視点，経営効果への視点などが欠如していたことである。

第3段階　昭和50年代～60年代──戦略的物流の時代

この時代は，戦略的物流の時代と位置づけることができる。

昭和48年後半にオイルショックが起こり，これによって経済は高度経済成長から低経済成長へと突入した。

この時代は，低経済成長に入って，販売競争が激化した。すなわち，低い経済成長によって需給は悪化し，企業は需要喚起のため多品種化や製品の差別化を急速に進める。

さらに，販売競争の激化によって企業は需要喚起のため多品種化や自社製品の差別化を急速に進めるだけでは足りず物流サービスの差別化を進めた。

これによって物流は販売政策の重要な位置を占めるようになり，販売戦略の一環として位置づけられるようになる。

その後，昭和60年代に入って内需主導型経済（バブル経済）によって過度の多頻度小口配送など物流サービスがいきすぎてしまったことは記憶に新しい。

要するに，この時代は，企業は売上増大のため製品の差別化，サービスレベルの向上を追求し，物流は競争の優位性を展開する手段として使われたと言える。そして物流のコンセプトがコスト概念からサービス概念へと変化した時代である。

第4段階　昭和60年代──ロジスティクスの時代

この時代は，ロジスティクスの時代と位置づけることができる。

昭和60年代後半にバブル経済の崩壊によっていきすぎた物流サービスの見直しが行われた。

さらに，円高や内外価格差に端を発した消費者の低価格志向をめざした価格破壊やグローバル化の進展によって大競争時代を迎えて，サービスとコスト競争の激化によって効率的経営志向が求められるようになる。

つまり，利益極大化のためサービスとコストの最適化が求められるようになる。

そして物流について，生産や販売などの要望を充足するだけでなく調達，生産，販売，物流を統合する機能が求められた。

これこそまさにロジスティクスである。

さらに，「物の動き」の企業内の調達，生産，物流，販売の統合からメーカーと小売との製販同盟など企業間のサプライチェーンまで広げつつある。

以上のように，この時代は「物の動き」の範囲をさらに広く捉えるとともに「物の動き」を統合的に捉えることによって，顧客サービスの向上はもちろんのことトータル物流コスト削減をめざしたロジスティクスとして経営戦略の一環として位置づけされるようになる。

今までアメリカと日本における物的流通（物流），ロジスティクスの歴史的発展を概観してきたが，最後に，将来のロジスティクスはどう変化するのであろうか。

筆者は将来のロジスティクスは次のように進展していくのではないかと考える。

第1は，グローバルサプライチェーンマネジメント（Global Supply Chain Management）への進展

インターナルサプライチェーンマネジメント（企業内サプライチェーン統合）からエクスターナルサプライチェーンマネジメント（企業間サプライチェーン統合）さらにジェオグラフィカルサプライチェーンマネジメント（Geographical Supply Chain Management），つまり，ドメスティックサプライチェーンマネジメント（Domestic Supply Chain Management）からグローバルサプライチェーンマネジメントへと進展するであろう。

第2は，統合デマンド・サプライチェーンマネジメントへの進展

需要充足を重視したサプライチェーンマネジメントだけでなく，需要情報を通じて商品開発，マーチャンダイジング，販売，顧客サービスなど需要創出をめざしたデマンドチェーンマネジメント（Demand Chain Management）など需要創出を目的としたデマンドチェーンを取り込んだ高度な統合デマンド・サプライチェーンマネジメント[18]へと進展するであろう。

第3は，ループサプライチェーンマネジメント（Loop Supply Chain Management）への進展

ロジスティクスは，顧客満足を第一義に，調達から販売競争の第一線である小売店などに物を効率的，効果的かつ迅速，的確に供給するだけでなく，返品や使用済資材，廃棄物の回収などのためのリバースロジスティクス（Reverse Logistics 還流ロジスティクス）が大変重要になってくる。今後，リバースロジスティクスを「物の動き」の全体の中でどう位置づけるかが課題となる。

つまりリバースチェーンとサプライチェーンとをどう結びつけるかということが最大の課題となろう。将来はサプライチェーンとリバースチェーンをルー

プにして考えるループサプライチェーンマネジメント[19]が大変重要な課題になると思われる。

第4は，高度なサードパーティロジスティクスへの進展

サプライチェーンマネジメント機能を高めるためにサードパーティロジスティクスがさらに重要な役割を演ずるであろう。

また，サードパーティロジスティクスは，さらに，付加価値の高い変革つまり，顧客のサプライチェーン全体の最適化や顧客と多くのロジスティクスサービスプロバイダーを連携させる統一体をめざす高度なサードパーティロジスティクスすなわちフォースパーティロジスティクス（4PL）へと進展するであろう[20]。

第5は，インターネットサプライチェーンロジスティクスへの進展

インターネットの普及によって，E－コマース（電子商取引）革命が起こってきている。インターネットが生み出した新たな流通チャネルは，ビジネスやマーケティング，ロジスティクスに大きな変化を与えずにはおかない。とりわけ，ロジスティクスについては，顧客直結（コンシューマーダイレクト）のロジスティクスが大きなウエイトを占めるようになるであろう。また，チャネル間にサプライチェーンウェブが出現するであろう。さらに，多くの書類，新聞，情報，郵便物，音楽などがサイバースペースで輸送されるようになるであろう。

以上，将来のロジスティクスについて展望してきたが，いずれにしても将来は製品の機能，品質，価格の差別化からビジネスプロセスのイノベーション，すなわち，サプライチェーンプロセスの差別化の時代に入ると思われる。つまり，物・サービス，情報などの供給の仕方を差別化する時代に突入する。サプライチェーンプロセス自体が競争の源泉となりサプライチェーンプロセスの改革が経営改革の中心となるだろう。そしてサプライチェーンマネジメントが経営戦略そのものとなると思われる。

21世紀は企業間競争からサプライチェーン間競争の時代に突入するだろう。

【注】

1) R.H.Ballou, Logistics Management—Planning and Control (2nd Edition). Prentice Hall, 1985, pp.10~11.
2) D.M.Lambert, & J.R.Stock, Strategic Logistics Management (3rd Edition). IRWIN, 1992, p.22.
3) 前出2)に同じ, p.22。
4) 前出1)に同じ, pp.10~11。
5) 前出2)に同じ, pp.19~22。
6) 前出1)に同じ, pp.12~18。
7) 前出2)に同じ, p.22。
8) J.J.Coyle, E.J.Bardi, C.J.Langley Jr., The Management of Business Logistics (6th Edition). West, 1996, p.26.
9) 前出8)に同じ, p.46。
10) 前出8)に同じ, p.46。
11) 前出2)に同じ, p.23。
12) J.F.Robeson, & W.C.Copacino, The Logistics Handbook. Free Press, 1994, pp.18~19.
13) 前出1)に同じ, pp.18~19。
14) 阿保栄司著「ロジスティクス革新戦略」日刊工業新聞社, 1993年, p.40。
15) D.J.Bowersox, & D.J.Closs, Logistical Management. McGRAW-Hill, 1996, pp.13~20.
16) 前出14)に同じ, pp.40~41。
17) 平原直稿「物流の先駆者列伝(その1)」流通研究社『マテリアルフロー』, 1997年8月, p.90。
18) W.C.Copacino, Supply Chain Management. The St.Lucie Press, 1997, p.20.
19) P.J.Metz, "Demystifying Supply Chain Management : Accomplishments and Challenges" CLM, Annual Conference Proceedings, Chicago, IL, October 5~8, 1997, pp.251~252.
20) J.L.Gattorna, Strategic Supply Chain Alignment. Gower, 1998, p.430.

[第2章]

ロジスティクスとその本質

　1990年代に入ってわが国の企業の物流はロジスティクスへと劇的に変化している。

　ロジスティクスは，軍事用語で「兵站」をあらわしており，現に戦っているかまたは戦おうとしている第一線に対して，兵員，食糧，武器，弾薬などを適時に適量を適所に補給する概念で前線で戦う軍隊の後方支援業務を意味している。

　このロジスティクスの起源は仏語の Logistique からきており軍隊を宿営させる馬や他の動物にまぐさなどをさがす責任のあるナポレオン軍の武官に与えられた言葉であると言われている[1]。

　一方，ビジネスにおけるロジスティクスは第2次世界大戦中の軍によるロジスティクスの展開にさかのぼることができる[2]。

　つまり英米では第2次世界大戦中にロジスティクスで活躍した専門家がビジネスの世界に入って，その概念を広く応用して成果をあげた影響が大きい。

　また，最近は，かの湾岸戦争（Gulf War）がロジスティクスの重要性をあらためて示したことはわれわれの記憶に新しい。

　本章ではこのところ，企業で強力に推進されているロジスティクスとは何かまたその本質について考えてみる。

1　ロジスティクスが要請される背景

　現在，ロジスティクスが要請されるのは，それをめぐる環境要件が動態的に変化しているからである。

　その環境要件として，D.J.バワーソックスらは，次の4点をあげている[3]。
- (1)　政治的・法律的インフラストラクチュア
- (2)　爆発的な技術革新
- (3)　企業および経済構造の変化
- (4)　グローバリゼーション

　(1)は，規制緩和である。

　これは，ロジスティクスが要請される要件としては最大のものである。特にアメリカで，1970年代後半と1980年代を通じて，カーターおよびレーガン政権は規制概念の画期的な変革をもたらした。競争的自由市場の力は，輸送と通信のようなサービス産業を復活させた。

　同じような規制緩和は，カナダでも起こり，やがてイギリスにおいては長い間瀕死の状態にあったイギリス経済は，同じようにサッチャー政権によって企業環境の自由化をもたらした。

　さらに，ヨーロッパ経済共同体は全体として同じような方法で開放された市場構造に取りかかり，1992年を目標とした貿易障害の撤廃と規則の標準化により，真のヨーロッパ経済が創り出された。

　以上のように，世界的により自由化された政治的・経済的環境の出現によって真にロジスティクスが競争上，積極的な役割を果たすことができるさらに大きな機会が創出されたのである。

　(2)は，爆発的な情報技術である。

　コンピュータのハードについてみると，日々のビジネス生活でデータプロセッシングほど変化したものはない。また，ハードウェアの驚くほどの価格低下によりロジスティクスの統合プロセスは非常に強力な低価格なコンピュータ

の支援が受けられるようになった。

　また，ソフト面については，知識ベースのコンピュータアプリケーションソフトウェアは，ロジスティクス情報について境界領域を広げつつある。ロジスティクスの専門知識をコンピュータ化し，それを現在のデータと合成して新しい選択を創り出すことが可能である。真に継ぎ目のない取引の処理システムを創り出す可能性が存在している。

　さらに，通信技術の大きな進歩によって，低価格でも大きな計算能力の可能性が拡大されつつある。磁気および光学メディアを通信衛星技術に結合させることによって大量の情報をハイスピードでかつ低価格で伝送することが可能になった。

　以上のように，情報技術の急速な革新によって業務の効率化や意思決定支援のための情報システム構築を可能にするばかりでなく，部門間，企業間の統合化を可能にしたのである。

　(3)は，企業および経済構造の変化である。

　1980年代のアメリカは企業の集中化（合併）および市場の集中化（上位業者に集中）に大きな変化のあった時代であった。

　企業は，非常に大きな一連の合併を経験した。大企業になった結果，企業構造の変化とそれに対処するため，自社のロジスティクスの競争力がきびしく要求された。一方，小売，卸売および製造に対する需要の集中化現象により，幅広い綿密な製品およびサービスのセグメント戦略が要求されてきている。これに対するロジスティクスの対応はセグメントされた，あるいはニッチ市場戦略を支援できる顧客の要求に合った流通能力を開発することであった。より高い顧客サービスを，より安いコストで提供できるロジスティクスの能力が必要になったのである。

　(4)は，グローバル企業の出現である。

　企業の取引がグローバル化するにつれ国境を越えて製造および販売業務を効率的に支援することが成功するため必要不可欠なものになってきている。国内企業と競争する海外企業にとって単純なロジスティクス能力ではもはや十分で

はない。優れたロジスティクスマネジメントによってのみ複雑な多国間にわたる業務の組み合わせが現実のものとなってくる。経済活動のグローバル化が進み，世界市場へ製品供給を考えるなら国境を越えて生産および販売業務を効率的に支援することが必要になるとともに，環境の異なる多国間にわたってその業務能力を発揮することが要求されている。

以上を要約して，パワーソックスらは「競争の激化によりロジスティクスの競争力の開発に全社的な関心を向けざるを得なくなってきた。今日，管理者は必要に基づき，ロジスティクスの業績の改善に乗り出してきている。規制緩和，技術，集中化およびグローバリゼーションはロジスティクスの業績と成果をますます舞台の中央に引っ張り出してきたのである」と述べている[4]。

一方，わが国ではどうであろうか。

(1) 消費者が望んでいる顧客サービスに効率的，効果的，スピーディーに対応しなければならないという考え方，つまり個々の顧客要求変化に迅速，的確に対応しなければならないように変わってきていること
(2) 規制緩和について，日本でも1990年12月に物流二法が発足してビジネスチャンスの到来や自由かつ公平なサービス競争が可能になったこと
(3) ジャストインタイムの考え方が，日本だけでなく国際的に広がりをみせており，時間をめぐる競争において優位に立つことが必要になったこと
(4) 経済活動のグローバル化が進み，世界市場への製品供給を考えるなら，国境を越えて，生産および販売業務の効率的な支援が必要になったこと
(5) ハード，ソフトの両面における情報や通信技術の急速な革新によって，物流が販売や生産と密接にかかわってきたこと，つまり情報の主導によって物流が経営戦略と密接にからんできたこと

など，環境要件が動態的に変化することによって，企業経営にロジスティクスが必要になったと言える。

2 ロジスティクスの定義

ロジスティクスとは何か。これについては多くの人が定義している（図表2-1）。

前に述べたように物的流通分野において専門家を集めて教育訓練の機会を世界で最初に専門化した組織で最も権威のあるＣＬＭ（全米ロジスティクス管理協議会）は1985年にロジスティクスを次のように定義している。

「顧客の必要要件に対応するため原材料，仕掛品，完成品およびそれに関連する情報を産出地点から消費地点までフローと保管を効率的かつ最大の費用効果において計画，実行，統制するプロセスである」と。

ＣＬＭのこのロジスティクスの定義は，ＣＬＭの前身であるNCPDM（全米物流管理協議会）が1976年に定義した物流からロジスティクスの定義へと変えら

図表2-1　ロジスティクスの定義

1　アンダーセンコンサルティング，ロジスティクス部門責任者，W.C.コパチーノ
　　(W.C.Copacino, Supply Chain Management. The St. Lucie Press, 1997.)
　　——ロジスティクス概念は，需要予測，在庫管理，輸送，保管，受注と顧客サービス，生産計画などの業務を統合的にマネジメントすることである。

2　クランフィールドマネジメントスクール教授，M.クリストファー
　　(M.Christopher, Logistics and Supply Chain Management. FT Pitman, 1992.)
　　——ロジスティクスは，コスト効果的な注文充足によって現在と将来の収益性が最大化される方法で，原材料，部品，完成品を調達，移動，保管を管理するプロセスである。

3　ケースウェスタンリザーブ大学教授，R.H.バルー
　　(P.Fawcell, R.E.Mcleish, I.D.Orden, Logistics Management. ME Handbook, 1992.)
　　——ビジネスロジスティクスとは，サービスを提供する際にこれにともなう時間と空間とを克服するのに必要となる費用に見合う十分な顧客サービス水準をもたらすために，原材料の調達地点から最終消費地点に至る製品の流れを容易にする移動と保管のすべてとこれに付随する情報とを計画し，統制することである。

れたものである。

　当時の物流の定義は「原材料，仕掛品，完成品の効率的流れを産出地点から消費地点まで計画，実行，統制するための2つあるいはそれ以上を統合すること」であったからCLMのロジスティクスの定義の主な変更点は

(1)　物の移動だけでなく保管を取り扱っていること
(2)　物の流れを支援する情報の流れの管理を取り扱っていること
(3)　原材料の産出地点から完成品の最終消費までのサプライチェーン全体の範囲にわたっていること
(4)　サプライチェーンを通して物の流れを計画し組織化する一元的論理を必要としていること
(5)　適切な顧客サービス基準の達成とそれをコスト効果的に行うという2つのキーとなる目標を持っていること

などである[5]。

　なお，1992年，CLMの上記のロジスティクスの定義の一部が変更された。それは原材料，仕掛品，完成品が物，サービスと変えられた。

　すなわち，1992年に，CLMは，ロジスティクスの定義を「顧客の要求に適合することを目的として，物，サービスおよび，それに関連する情報の産出地点から消費地点に至るまでのフローと保管を効率的かつ最大の費用，効果において計画，実行，統制するプロセスである（The process of planning, implementing, and controlling the efficient, effective flow and storage of goods, services, and related information from point-of-origin to point-of-consumption for the purpose of conforming to customer requirements.)」と変えている。

　これは原材料，仕掛品，完成品を物，サービスと広く捉えるとともに環境保護の立場から使用済資材や廃棄物の回収を含むよう定義が変えられたものと思われる。

　さらに，CLMは，1998年にロジスティクスの定義を次のように変更している。

　「ロジスティクスとは顧客の要求に適合することを目的として，物，サービ

スとそれに関連する情報の産出地点から消費地点に至るまで，フローと保管を効率的，効果的に計画，実行，統制するサプライチェーンプロセス部分である（Logistics is that part of the supply chain process that plans, implements and controls the efficient, effective flow and storage of goods, services and related information from the point-of-origin to the point-of-consumption in order to meet customer's requirements.)」。

　これは，物・サービス，情報，金などのサプライチェーンプロセスのうち，物・サービスや情報の流れのロジスティクス部分を明確にしたものと思われる。

3　ロジスティクスの特徴

　ロジスティクスの定義についてみてきたが，ロジスティクスの特徴は何か。
　第1は，顧客への物流サービスの目標の設定が核になっているものである。
　顧客への物流サービスをどの水準で提供すれば顧客が満足し，自社の取引を拡大してくれるかを積極的に追求する。つまり，ロジスティクスは企業の経営戦略にもとづいた顧客サービスの目標の設定から始まり，まさに，顧客サービスによる差別化戦略である（図表2－2）。
　第2は，調達物流を含めるとともに，全流通チャネルの物流活動を含めるものである。
　したがって，ロジスティクスの構成要素は，調達物流，社内物流，販売物流，静脈（返品・回収）物流を含むものと言える（図表2－3）。
　第3は，「物の動き」に関して「部門最適」から「全体最適」を目的とするものである。
　今や「部門最適」のアプローチでは，きびしい企業間競争に勝てない時代に入っている。原材料の調達から最終の消費に至るまでの物の流れに関する活動を部分の活動としてではなく，効果的に組み合わせたトータルな活動として相乗効果を上げる必要がある。

図表2－2　ロジスティクスシステム概念図

図表2－3　ロジスティクスの範囲

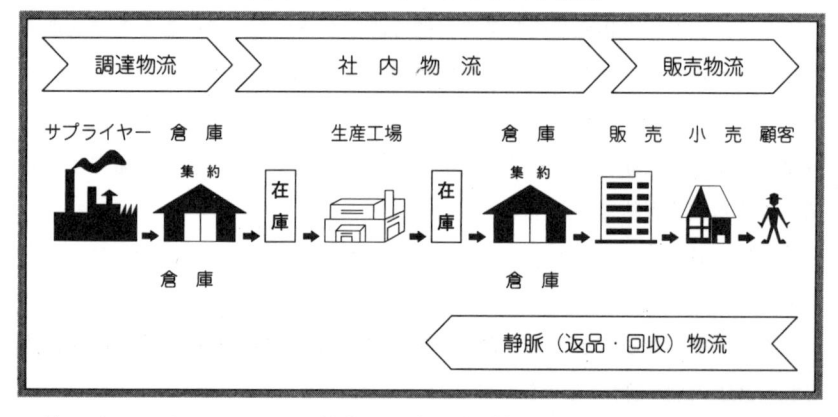

　第4は，ロジスティクスは効率より成果を重視するものである。

　従来の物流は効率を上げ，コストをおさえることに重点をおいていたが，ロジスティクスは成果性（バリュー）を重視する。すなわち，成果の方が費用より多ければ，費用をかけてもよいという戦略的な考え方に立っている。

　第5は，「物の動き」の一元管理を行うものである。

　ロジスティクスは，原材料の調達から最終顧客までの1本の長いルートの中

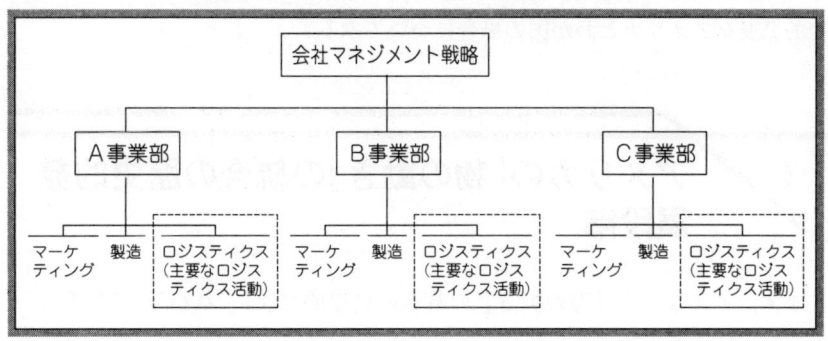

図表2－4　ロジスティクスは経営の3本柱

```
                    会社マネジメント戦略
        ┌──────────────┼──────────────┐
      A事業部          B事業部          C事業部
    ┌───┬───┐      ┌───┬───┐      ┌───┬───┐
  マーケ 製造 ロジスティクス マーケ 製造 ロジスティクス マーケ 製造 ロジスティクス
  ティング    (主要なロジ  ティング    (主要なロジ  ティング    (主要なロジ
              スティクス活動)          スティクス活動)          スティクス活動)
```

（出所）　D.J.バワーソックス他著（阿保他訳）「先端ロジスティクスのキーワード」ファラオ企画，1992年．

でマネジメントを行う。したがって，その媒介となるものが設定される必要がある。それが在庫である。調達から販売に至る流れを在庫を通じて一元的に管理する。すなわち，原材料の供給者の段階の在庫に始まり最終顧客の持つ在庫に至るすべての過程における在庫を一元的に管理する。

第6は，実需に応じて製品を供給するものである。

物流情報を通じて調達，生産，販売など各段階における製品を実需にもとづいて供給するシステムである。

第7は，情報を軸にしているものである。

ロジスティクスは，情報のサポートが必要不可欠なところから，ロジスティクスは，情報を軸にした物流と言える。

第8は，生産と販売とともに経営の三本柱の一つとするものである。

ロジスティクスは，生産や販売と同様に物流に経営戦略を加えた概念であり企業の中できわめて高い機能である（図表2－4）。

などである。

これらからロジスティクスの本質は，部門間の壁をとりはらって企業内サプライチェーンを一つの統一体として捉え「全体最適」を目指す統合(Integration)概念にあると考えられる。

ロジスティクスの本質は統合概念にあると述べたが，統合概念とは何か。

統合概念は何かを考える前に，まず，企業における「物の動き」の統合の歴史的発展をアメリカとわが国の場合についてみる。

4 アメリカの「物の動き」の統合の歴史的発展段階

まず，アメリカの「物の動き」の統合の歴史的発展について，マサチューセッツ工科大学輸送研究センターの副所長であるP.J.メッツは，次の3つの段階で統合が発展してきたと述べている[6]（図表2－5）。

第1段階　輸送（Transportation）と倉庫（Warehousing　保管）の統合
　　サプライチェーンの起源は輸送と倉庫の統合，つまり，輸送と倉庫を個別に管理することから統合して管理した物的流通（販売物流）マネジメントにさかのぼる。この物的流通管理は異なった各種の倉庫階層レベルのデータ通信の改善とより複雑な分析によって可能になった。つまり，よりよいデータやより進歩した分析技術はからみあった複雑な要素間のよりベターな決定を可能にした。

第2段階　調達（Procurement），生産（Manufacturing），物的流通（Physical Distribution），受注管理（Order Management）の統合
　　この段階は，社内の調達，生産，物的流通，受注管理の機能統合である。この中で受注管理は，販売と捉えてよいと思われる。
　　まさに，この段階はロジスティクスステージと呼ぶことができる。この機能統合は，EDIや広範な通信とコンピュータの応用によってもたらされたものである。

図表2-5 統合の歴史

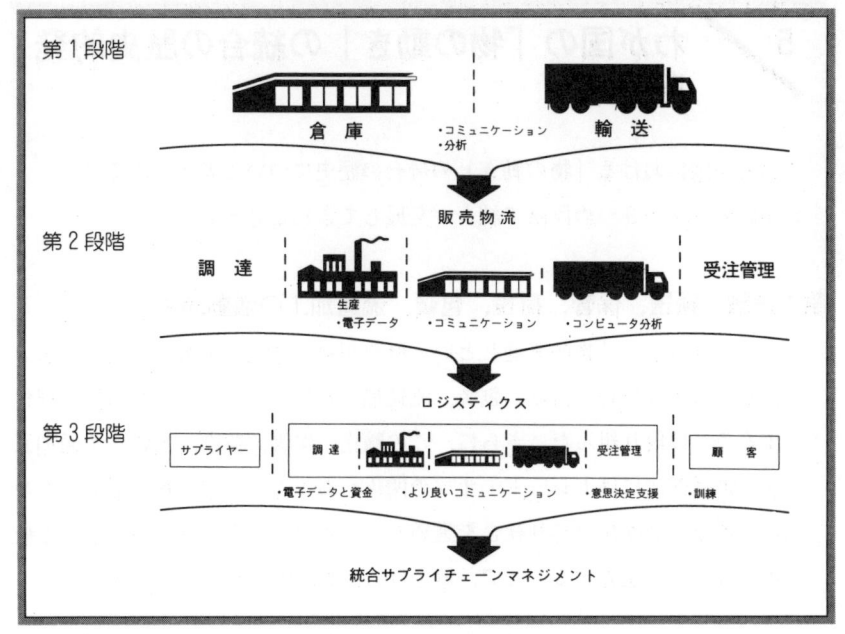

第1段階	倉庫 ・コミュニケーション ・分析 輸送

↓ 販売物流

第2段階　調達 — 生産 — ・電子データ ・コミュニケーション ・コンピュータ分析 — 受注管理

↓ ロジスティクス

第3段階　サプライヤー｜調達　受注管理｜顧客　・電子データと資金　・より良いコミュニケーション　・意思決定支援　・訓練

↓ 統合サプライチェーンマネジメント

（出所）　P. J. Metz, "Demystfying Supply Chain Management：Accomplishment and Challenges" CLM, Annual Conference Proceedings, Chicago, Illinois, October 5-8, 1997.

第3段階　サプライヤー（Suppliers），メーカー（Manufacturers），顧客（Customers）の統合

　　これは，サプライヤーから最終顧客までの「物の動き」の統合である。

　　第3段階は，第2段階よりさらに複雑になった。この複雑さを処理するのに電子データ，電子資金移動，より高度で広範な通信，コンピュータによる意思決定支援システムと教育訓練によって可能になった。

　以上，メッツの統合の歴史的発展段階についてみてきたが，これを要約すると，第1段階は部門内サプライチェーン統合，第2段階は企業内サプライチェーン統合，第3段階は企業間サプライチェーン統合と考えることができよう。

5 わが国の「物の動き」の統合の歴史的発展段階

次にわが国における「物の動き」の統合の歴史について考えてみる。わが国では次の3つの段階で統合が発展してきたと考える。

第1段階　輸送，保管，荷役，包装，流通加工の活動間統合

アメリカから「物的流通」という概念が導入され，企業は輸送より広い活動，つまり保管，荷役，包装，流通加工を加え，それらを個別に合理化することに取り組んだ。さらに，この輸送，保管，荷役，包装，流通加工など物流機能にはトレード・オフの関係があることからこれらをトータルに合理化，効率化つまり統合を進めた。これは，一定の物流サービスを最小のコストで達成することで，筆者はこれを物流システム化と呼ぶ。

第2段階　調達，生産，物流，販売の部門間統合

これは「物の動き」の範囲を広く捉えるとともに「物の動き」を統合的に捉えることによって顧客サービスの向上とトータル物流コストの削減をめざす。

すなわち，企業の組織には，低価格購入，大量購入という「調達の論理」，生産増，生産合理化という「生産の論理」，コスト低減という「物流の論理」，売上増大，シェアアップという「販売の論理」が厳然と存在する。この部門間の壁を乗り越えて「物の動き」の統合を求める。つまり，調達，生産，物流，販売を含めて，費用対効果という点で統合を目指す。これは，販売つまり，市場や顧客に対して，調達，生産，物流を統合していかに「物の動き」のコストを最小にするかということである。筆者はこれをロジスティクス（生販物統合）と呼ぶ。

第3段階　サプライヤー，メーカー，卸，小売の企業間統合

この段階は「物の動き」の企業内統合から，メーカーと小売との製販同盟など企業間のサプライチェーンまで広がってきている。

これは部門間の統合をさらに拡大して，企業間，つまりサプライヤー，メーカー，卸，小売，物流業者を含めて「物の動き」の統合を求めるものである。これは，サプライヤー，メーカー，流通などの統合にほかならない。つまり，販売の第一線である小売店（消費者を含む）に品揃えするように，調達から第一線の小売店までの「物の動き」のコストを最小にすることである。筆者はこれをサプライチェーンマネジメントと呼ぶ。

6　統合概念

以上，「物の動き」の統合の歴史的発展についてみてきたが，では統合概念とは何か。

これについて欧米の代表的なロジスティクス学者の考えについてみてみる。

まず，D.M.ランバート＆J.R.ストックは統合概念についてコスト最小化をあげている。

すなわち，「統合ロジスティクスコンセプトの基礎は，望ましい顧客サービスを行うため，輸送，在庫，受注処理，情報システム，生産ロット切替などによるコストなどのトータルコストを最小にするトータルコスト分析である」と述べている[7]。

また，D.J.バワーソックス＆D.J.クロスは，統合概念について同じように「トータルコストシステムをデザインすることはロジスティクス統合の目標である」と述べている[8]。

以上，代表的ロジスティクス学者の統合概念についてみてきたが，これらから，統合概念について「物の動き」のトータルコスト最小を追求する「全体最適」化が考えられているように思われる。

しかし，筆者は統合概念としてこのトータルコスト最小をめざした「全体最適」という概念はやや狭いと考える。

これについて，アンダーセンコンサルティングのロジスティクス部門責任者のW．C．コパチーノは，統合概念についてロジスティクス（企業内統合）においてはトータルコストアプローチつまりトータルコスト最小は有用であるが，これではサプライチェーン全体の効率化を考慮することができないから限界がある。そのためトータルシステムアプローチすなわちトータルシステムを提起している[9]。

これは，企業内のロジスティクス機能の効率的な仕組みではなく，サプライヤー，メーカー，流通，顧客のうち2者，あるいは，それ以上のサプライチェーンのすべてのロジスティクス機能の効率的かつ効果的な仕組みを意味していると思われる。

筆者は，統合概念とは，顧客を起点として，部門間，企業間の壁を乗り越えて「物の動き」を統一体（A Single Entity）として捉えて，「全体最適」化することと考える[10]。

そのためには，

第1は，エンドユーザーのサービスレベルの必要要件を第一義にすること

第2は，部門間，企業間の「物の動き」のそれぞれのプロセスの処理スピードやキャパシティを一致させること

第3は，「情報の動き」と「物の動き」を同時進行させること

第4は，部門間，企業間の「物の動き」のプロセスの処理時間を短縮することなどである。

上記のうち第1はサービス化を，第2と第3は同期化を，第4はスピード化を意味している。以上から統合概念は，サービス化，同期化，スピード化によって「全体最適」化を指向していると考える。

この同期化は，「物の動き」に関して，処理スピード，キャパシティの必要と能力の均衡した状態と考えることができる。もちろん，この均衡には広くは対社会的，つまり経済社会や他企業など対外的な需要と供給の均衡，狭くは企

業内での部門間での必要と能力の社内的均衡がある。

　つまり，同期化は，全体情況の中で「物の動き」の需要（必要）と供給（能力）の均衡こそが，「全体最適」と考える。

　次に，サービス化とスピード化について，まずスピード化について考えるとこれは，総通過時間（Lead Time, Throughput Time）の短縮化でこれはトータル物流コスト最小の追求を意味していると考えることができる。すなわち，部門間，企業間には「物の動き」に関するトレード・オフやコンフリクトが存在するため，トータルコストアプローチによって「物の動き」のトータルコスト最小をめざしていると考えられる。しかし，これはあくまでも目標とするサービスとの関連，つまりサービス化との関連で考える必要がある。

　つまり，目標としているサービスとトータル物流コストの均衡化，すなわち，サービスとトータル物流コストとの均衡と考えることができる。

　以上からロジスティクスにおける統合概念として「全体情況的均衡（Total Situational Equilibrium）」をめざした「全体最適」化こそ，その本質であると考える。

　最後に，ロジスティクスの統合概念としての「全体最適」には，大きな幅があり，完全な「全体最適」などあり得ないこと，また，「全体最適」化は管理，責任，権限の範囲，つまり，コントロールできる範囲を意味していることに留意すべきである。したがって「全体最適」は「部分最適」の拡大したものと考えられる。

【注】
1) J. F. Robeson, & W. C. Copacino, The Logistics Handbook. Free Press, 1994, p. 1.
2) J. J. Coyle, E. J. Bardi, C. J. Langley Jr, The Management of Business Logistics (6 th Edition). West, 1996, p. 27.
3) Michigan State University. Leading Edge Logistics : Competitive Positioning for the 1990s. CLM, 1989, pp. 12～19.
4) 前出3)に同じ, p. 19。
5) D. Tayler, Global Cases in Logistics and Supply Chain Management. Thomson

Business Press, 1997, p. 2.
6) P. J. Metz, "Demystifying Supply Chiain Management : Accomplishments and Challenges" CLM, Annual Conference Proceedings, Chicago, IL, October 5 — 8, 1997, pp. 241~246.
7) D. M. Lambert, & J. R. Stock, Strategic Logistics Management (3 rd Edition). IRWIN, 1993, p. 39.
8) D. J. Bowersox, & D. J. Closs, Logistical Management. McGRAW-Hill, 1996, p. 509.
9) W. C. Copacino, Supply Chain Management. The St. Lucie Press, 1997, p. 24.
10) M. Christopher, Logistics. Chapman & Hall, 1994, p. 145.

[第3章] ロジスティクス概念の歴史的発展と将来

　ロジスティクス概念（Logistics Thought）の歴史的発展と将来を考察する前に，ロジスティクス概念とは何かを考えてみる。
　概念は，一般的には「事物の本質を捉える思考の型」と言われている。したがって，ロジスティクス概念は，実際のロジスティクス活動や慣行（Practice）とは違ってロジスティクスがよって立つところの原理，原則（Discipline）と言える。つまり，実際のロジスティクス活動の根底にある，あるいはその動因になっているところのコンセプトの枠組みと捉えることができる。要するに，実際のロジスティクス活動や慣行を動かしている原理，原則と言えよう。
　本章ではアメリカとわが国のロジスティクス概念が歴史的にどう発達してきたか，さらに，ロジスティクス概念が将来に向けてどう発展するかを考えてみる。

1　アメリカのロジスティクス概念の歴史的発展

　まず，最初にアメリカのロジスティクス概念の発展についてみる。J.T.ケント，Jr.（サウスウェストミズリー州立大学）とD.J.フリント（テネシー大学）の2人がリサーチャーとなって，ロジスティクス発展に貢献したロジスティクス

図表3-1　ロジスティクスの代表的な定義

年	定義
1927	流通という言葉には，ハッキリ区別しなければならない2つの使い方がある。ひとつは，輸送や保管のような物的流通，もうひとつはマーケティングである(1)。
1967	完成品を生産ラインから消費者に効率的に届けること，さらに，ある場合は，原材料をサプライヤーから生産ラインの入口まで供給することに関して述べられた生産や販売で幅広く使われている言葉(2)。
1976	原材料，仕掛品，完成品の効率的流れを産出地点から消費地点まで計画，実行，統制するための2つあるいはそれ以上の活動を統合することである(3)。
1985	顧客の必要要件に対応するため原材料，仕掛品，完成品およびそれに関連する情報を産出地点から消費地点までフローと保管を効率的かつ最大の費用効果において計画，実行，統制するプロセスである(4)。
1992	顧客の要求に適合することを目的として，物，サービスおよび，それに関連する情報の産出地点から消費地点に至るまでのフローと保管を効率的かつ最大の費用，効果において計画，実行，統制するプロセスである(5)。

(1) Ralph Borsodi, The Distribution Age (New York, NY: D. Appleton, 1927). p. 19.
(2) National Council of Physical Distribution Management, Chicago, IL, 1967.
(3) National Council of Physical Distribution Management, NCPDM Comment 9, Number 6, November—December, 1976, pp. 4–5.
(4) Council of Logistics Management, Oak Brook, IL. 1985.
(5) What It's All About (Oak Brook, IL: Council of Logistics Management, 1992).

（出所）　J. L. Kent Jr., & D. J. Flint, "Perspective on the Evolution of Logistics Thought" CLM, Journal of Business Logistics, Volume 18, Number 2, 1997.

の書籍や論文および過去の代表的なロジスティクスの定義（図表3-1）などからロジスティクスコンセプトやロジスティクス発展の試金石になった事柄を調査，検討し，さらに，それらを著名な7人のロジスティクス学者（D. J. バワーソックス，J. T. コイル，B. J. ラロンド，D. M. ランバート，C. J. ラングレイJr，J. T. メンザー，J. R. ストック）にロジスティクス概念の進展，ロジスティクスへの主要な貢献，将来への期待など質問を行い，それにもとづいて十分な討議を行って，ロジスティクス概念の歴史的発展について，現在まで次の5つの時代区分に分けている[1]（図表3-2）。

第3章 ロジスティクス概念の歴史的発展と将来　33

図表3－2　ロジスティクス概念の年代別区分

	主な影響
第1段階　農場から市場へ（1916年から1940年まで） 　主な特徴 　　・農場から市場へ 　　・輸送 　　・蒸気エンジン	農業経済
第2段階　セグメント（層別）化された機能（1940年から1960年初頭まで） 　主な特徴 　　・独立した機能領域：入荷・出荷輸送，卸売，在庫 　　・物的流通 　　・社内複雑性	軍　　隊
第3段階　統合機能（1960年代初頭より1970年代初頭まで） 　主な特徴 　　・トータルコスト 　　・システムアプローチ 　　・ロジスティクスの統合	産業経済
第4段階　顧客が焦点（1970年代初頭から1980年代中頃まで） 　主な特徴 　　・顧客サービス 　　・在庫費用 　　・生産性 　　・リンクとノード	経営管理科学
第5段階　差別化手段としてのロジスティクス（1980年代中旬から現在まで） 　主な特徴 　　・統合サプライ 　　・ロジスティクスチャネル 　　・手段としてのロジスティクス 　　・グローバリゼイション 　　・環境ロジスティクス	情報テクノロジー 経営戦略

（出所）　J. L. Kent Jr., & D. J. Flint, "Perspective on the Evolution of Logistics Thought" CLM, Journal of Business Logistics, Volume 18, Number 2, 1997.

第1段階　農場から市場へ（Farm to Market　1916年から1940年まで）
第2段階　セグメント（層別）化された機能（Segmented Functions　1940年から1960年代初頭まで）
第3段階　統合機能（Integrated Functions　1960年代初頭から1970年代初頭まで）
第4段階　顧客が焦点（Customer Focus　1970年代初頭から1980年代中頃まで）
第5段階　差別化手段としてのロジスティクス（Logistics as Differentiation　1980年代中頃から現在まで）

それぞれの特徴を以下のように説明している。

第1段階　農場から市場へ（Farm to Market　1916年から1940年まで）

　　この時代は，農場から販売拠点までの輸送に関心が集中していた。

　　第2次世界大戦まで農業経済が大きな影響力を持っていた。事実，経済がよってたつ原理，原則が，マーケティングと輸送の双方に大きな影響を与えた。

　　この時代は，ロジスティクスは，主として経済という枠組みの中で考えられた。

第2段階　セグメント（層別）化された機能（Segmented Functions　1940年から1960年代初頭まで）

　　1945年から50年後半までビジネス世界では，物的流通をマーケティングのサブシステムと考え，さらに，それを機能的観点からみていた。当時は，調達のための輸送と販売のための輸送は，別々の機能とみられていた。

　　要は，調達物流，販売物流，在庫管理などの機能は別々に管理されていた。

第3段階　統合機能（Integrated Functions　1960年代初頭から1970年代初頭まで）

　　この時代に機能統合が始まる。

　　1960年代の初めにトータルコストアプローチが開発され，さらに，システムアプローチが開発されるにおよびビジネスの中に統合ロジスティクスが活用されるようになる。

　　この時代は，物的流通（販売物流）をロジスティクス機能の中心と考え

ことから，他の機能と統合した機能統合システムへと変わったと言える。

すなわち，調達物流，物的流通（販売物流），在庫管理，倉庫管理，マテハンなどの機能を統合した。これに貢献したものとしてトータルコストアプローチやシステムアプローチがあったことは言うまでもない。

第4段階　顧客が焦点（Customer Focus　1970年代初頭から1980年代中頃まで）

1970年代の初頭に入って顧客を企業の主な焦点と考えるようになる。

つまり物的流通の構成要素である顧客サービスが重要な課題になる。加えて在庫費用，生産性，リンクとノードの考え方がロジスティクス研究や実務の世界にあらわれてくる。もちろん，これらは，マーケティングによってかなり影響を受けたものである。

第5段階　差別化手段としてのロジスティクス（Logistics as Differentiation　1980年代中頃から現在まで）

1980年代の中頃からロジスティクスは，企業の主な差別化手段と考えられるようになり，それが現在まで続いている。

つまり，企業戦略の重要な要素として考えられるようになったのである。新しく出てきたコンセプトは，統合サプライチェーンマネジメント（Integrated Supply Chain Management），ロジスティクスチャネルマネジメント，企業間効率化，環境ロジスティクス，リバースロジスティクス（還流ロジスティクス），グローバルロジスティクスなどである。

情報技術が，戦略概念と同じようにこれに大きな影響を与えた。また，プロセス指向も重要な影響を与えた。

要するに，この時代は，サプライチェーンを連結して，顧客価値の創造と競争の優位性を確保するところにその本質がある。

以上，アメリカにおけるロジスティクス概念の歴史的発展についてみてきたが，これを要約すると，ロジスティクス概念は，輸送活動中心，調達物流や販売物流など個別機能中心，それらの機能統合，顧客サービス重視，さらに，販売競争など差別化手段として発展してきた。

2　わが国のロジスティクス概念の歴史的発展

次に，わが国のロジスティクス概念の発展についてみていくが，その前にわが国の代表的なロジスティクス学者のロジスティクスの発展段階についてみる。

阿保栄司元早大教授は，物流，ロジスティクスの歴史的発展段階を図表3－3のように捉えている[2]。

それぞれの特徴をみると以下のとおりである[3]。

第1段階　物流システム

　　この段階は，物流を企業内の一部門であってその活動も流通活動の一部として捉えて，物流諸活動を統合した。物流は，物流費の低減を主目的としてその活動方法は主として合理化であった。物流部門は，コストセンターとして位置づけられた。

第2段階　ビジネスロジスティクスシステム

　　この段階は，物流，生産，購買を縦断する物の流れとして捉えて，製品物流，生産管理，原材料調達を統合した。総品質（製品機能，マーケティングサービス，顧客サービスの総合物）を高めて顧客満足を増大することによって，企業利益と競争力に戦略的に貢献することをめざした。

第3段階　サプライチェーンロジスティクスシステム

　　この段階は，「物の動き」を関係企業の協力システムで管理し，サプライチェーン全体の強力化をめざす。パートナーシップによる戦略的提携をして協同システムを構築して，各構成企業の効率的な分配による相互利益の増大をめざす。

以上から阿保元早大教授のロジスティクス概念は次のように発展してきたと推察される。

第1段階　合理化手段

　　物流コスト低減のための合理化手段として考える。

図表3-3 物流発展の諸段階

段階	システムの構成	基礎理論	内容	主たるメルクマール	思考方法
第1段階 物流システム	諸要素活動（輸送・保管・包装・荷役・流通加工・物流情報）を統合	懸隔理論	需要と供給との懸隔（ギャップ）特に空間的へだたりと時間的へだたりを克服する	物流費の低減	合理化
第2段階 ビジネス・ロジスティクス・システム	製品物流・生産管理・原材料調達を統合	到達理論	必要な商品を顧客に到達せしめて,利用可能（アベイラブル）にする	総品質（製品機能・マーケティング・サービス,顧客サービスの総合物）を高めて,顧客満足を増大	競争力の増強
第3段階 サプライチェーン・ロジスティクス・システム	構成企業のシステム間でカップリング	到達理論から循環理論への移行過程	パートナーシップによる戦略的提携をして協同システムを構築	分担機能の効率的な分配による相互利益の増大	市場へのチャネルの強化
第4段階 グリーン・ロジスティクス・システム	フォワード・ロジスティクスと還流ロジスティクスの統合	循環理論	全循環低公害型システムの構築	地球環境にやさしく効率的な物質循環による持続的発展社会の実現	社会システムのサブシステムとして分出

（出所）阿保栄司著「サプライチェーンの時代」同友館,1998年。

第2段階　差別化手段

　　　総品質を高めて,顧客満足を増大し,経営の戦略的手段と考える。

第3段階　サプライチェーンの強力化

　　　サプライチェーン間の協力システムを構築して,サプライチェーン全体の強力化と考える。

　以上わが国の代表的な学者の物流ロジスティクスの発展についてみてきた。

　筆者は,物流,ロジスティクスの歴史的発展段階について,前に述べたようにその概要は次のとおりである。

第1段階　輸送力確保の時代（昭和30年代）

　　この時代は，輸送力確保の時代と位置づけることができる。

　　昭和30年代は，需要に供給が追いつかない時代であった。

　　急激な経済成長によって企業は，必要な輸送力の確保を最大の任務とした。この時代の物流は，輸送活動が中心であり物的流通という包括的概念もなく重要視されなかったこと，物的流通機能が本社でも現場でも他の機能の中に分散していたこと，物的流通全体を担当する部門はなく，ごく一部を専門的に担当していたことなどである。

第2段階　物流コスト管理の時代（昭和40年代）

　　この時代は，物流コスト管理の時代と位置づけることができる。

　　昭和40年代前半にアメリカから「物的流通」という概念が入ってきて，企業は，輸送より広い概念つまり保管，荷役，包装，流通加工などを考え，また，それらを個別に合理化することに取り組んだ。さらに，40年代中頃からそれらを個々に合理化することから，それらをトータルに合理化，効率化を進めるようになる。

　　すなわち，昭和40年代中頃から物流は「第3の利潤源」として重要性が認識されるようになった。生産の合理化によるコスト引き下げは軌道にのったが，市場における販売競争の激化によって利益の確保が難しくなり，そこで物流を「第3の利潤源」として物流コスト低減のためあらゆる合理化，効率化を進めた。

第3段階　戦略的物流の時代（昭和48年のオイルショック以降）

　　この時代は，戦略的物流の時代と位置づけることができる。

　　昭和48年後半にオイルショックが起こり，これによって経済は，高度経済成長から低経済成長へと突入した。

　　この時代は，低経済成長に入って，販売競争が激化した。すなわち，低い経済成長によって需給は悪化し，企業は需要喚起のため多品種化や製品の差別化を急速に進める。

　　さらに，販売競争の激化によって企業は，需要喚起のため多品種化や自

社製品の差別化を急速に進めるだけでは足りず物流サービスの差別化を進めた。

これによって物流は販売政策の重要な位置を占めるようになり，販売戦略の一環として位置づけられるようになる。

その後，内需主導型経済（バブル経済）によって過度の多頻度小口配送などいきすぎた物流サービスが行われた。

要するに，この時代は，企業は売上増大のため製品の差別化，サービスレベルの向上を追求し，物流は競争の優位性を確保する手段として使われた。そして物流のコンセプトがコスト概念からサービス概念を重視する時代に変わったと言える。

第4段階　ロジスティクスの時代（昭和60年代以降）

この時代は，ロジスティクスの時代と位置づけることができる。

昭和60年代以降，バブル経済の崩壊によっていきすぎた物流サービスの見直しが行われた。

さらに，円高や内外価格差に端を発した消費者の低価格志向を目指した価格破壊やグローバル化の進展によって世界的な大競争時代を迎えて，サービスとコスト競争が激化して，よって効率的経営志向が求められるようになる。

つまり，利益極大化のためサービスとコストの最適化が求められるようになる。物流について，生産や販売などの要望を充足するだけでなく調達，生産，販売を統合する機能が求められた。

これこそまさにロジスティクスである。

さらに，「物の動き」の企業内の調達，生産，物流，販売の統合からメーカーと小売との製販同盟など企業間のサプライチェーンまで広がりつつある。

以上のように，この時代は「物の動き」の範囲を，さらに，広く捉えるとともに「物の動き」を統合的に捉えることによって，顧客サービスの向上はもちろんのことトータル物流コスト削減をめざしたロジスティクスと

して経営戦略の一環として位置づけられた。

　以上，わが国の物流，ロジスティクスの歴史的発展段階についてみてきたが，これらのロジスティクスのよってたつ原理，原則すなわちロジスティクス概念は何か。

　筆者は，わが国のロジスティクス概念について次のように発展してきたと考える。

第1段階　機能が焦点（昭和30年代）

　この時代は，高度経済成長によって増大する物流量に対応することが主眼で，物流を機能的観点でみていた。そして，物流の諸活動（輸送，保管，包装，荷役，流通加工など）について個別に管理していた。

第2段階　コスト削減手段（昭和40年代）

　この時代は，物流を物流部門の効率という観点つまりコスト低減という視点で捉えるようになる。

　当時は，物流をコスト削減の宝庫と考え，物流コスト低減のためあらゆる合理化を進めた。この時代は個々の物流活動の合理化からトータルに合理化，効率化がはかられた。

　要するにこの時代は，いかにコストを安くするかというコスト中心であった。

第3段階　販売競争手段（昭和48年オイルショック以降）

　この時代は，物流を販売に対する効果という視点で捉えるようになる。

　オイルショック以降の低経済成長を迎えて，販売競争が激化，商品の差別化だけでは足りず，物流サービスを販売競争の差別化手段と考えた。

　要するに，この時代は，物流サービスが焦点となる。

第4段階　統合機能（昭和60年代〜）

　この時代は，ロジスティクスを経営に対する効果という視点で捉えるようになる。

　顧客を第一義に，調達，生産，物流，販売の「物の動き」の統合はもちろんのこと，サプライヤー，メーカー，卸・小売の「物の動き」の統合を

めざすロジスティクスを指向する。これは、サービスとコストの「全体最適」化を焦点にしている。

3　将来のロジスティクス概念

今まで、アメリカとわが国のロジスティクス概念の歴史的発展についてみてきたが、最後にロジスティクス概念の将来について考えてみる。

ケントとフリントはアメリカにおける将来のロジスティクス概念として「行動・機能・組織の境界越え（Behavioral and Boundary Spanning）」をあげている（図表3－4）。そして、これについて次のように述べている。「これは、行動問題のより深い理解、特に企業のロジスティクスシステムとそれに関連する行動の顧客認識の深い理解への研究が必要になる。さらに、今後、益々統合サプライチェーンマネジメントが進展していく。そのため、機能間、組織間の協調や調整が必要になる。つまり、機能を横断的に捉えること（Cross-Functional）と各企業間の境界を越えていくこと（Boundary Spanning）が価値をもつようになる」と[3]。

ではわが国の場合はどうか。

まず、阿保元早大教授は、わが国の将来のロジスティクスは、グリーンロジスティクスシステムへ発展していくと捉えている（図表3－3）。

この段階は、全社会的地球環境を視野に入れて、循環経済として持続的発展と位置づけることをめざす。

すなわち、全循環低公害型システムを構築して、地球環境にやさしく効率的な物質循環による持続的社会の実現をめざす。これについて、将来のロジスティクスはグリーンロジスティクスシステムを取り込んでいくと考えるのが妥当である。

阿保元早大教授はロジスティクス概念として、社会システムとしてのサブ社会システム化、すなわち、物質循環による持続的発展社会の実現をめざすサブ

図表3-4　ロジスティクス概念の将来

第6段階　行動・組織間の境界越え（未来）
　主な特徴
　　・サービス対応ロジスティクス
　　・企業間の行動態様
　　・理論の進展

主な影響
マーケティング
社会科学

（出所）　J.L.Kent Jr., & D.J.Flint, "Perspective on the Evolution of Logistics Thought"CLM, Journal of Business Logistics, Volume 18, Number 2, 1997.

社会システム化をあげている[4]。

　筆者は，わが国のロジスティクスは，将来，スーパーロジスティクスの時代を迎えると考える。

　この段階は，ロジスティクスは，グローバルサプライチェーンマネジメント化すること，統合デマンド・サプライチェーンマネジメントへ進展，サプライチェーンの機能を高めるためにサードパーティーロジスティクスの高度化，さらに，グリーンロジスティクスやインターネットサプライチェーンロジスティクスへの進展など，ロジスティクスは益々広域化，複雑化，高度化していくものと考える。

　そして，筆者は，将来のロジスティクス概念として，サービスとコストと環境の「全体最適」化システムへと変化していくものと考える。

　従来からロジスティクスの目的は，顧客サービスをいかにトータル物流コストを低減して行うかであるが，最近，環境問題がクローズアップしているところから，ロジスティクスの目的も大きく変える必要があると考える。すなわち，ロジスティクスの目的は，顧客サービスとトータル物流コストとの最適化，さらに，いかに環境との最適化を実現するかである。

　これは，ロジスティクスが「顧客サービス」と「トータル物流コスト」の「全体最適」から「顧客サービス」と「トータル物流コスト」，「環境」の「全体最適」化をめざすものである。

　つまり，「顧客サービス」を行うため，「トータル物流コスト」の低減，すな

わち,「物の動き」の効率化だけでなく環境とのバランスを考慮する時代に入ると言えよう。要は,「サービス」,「コスト」,「環境」のロジスティクストライアングルの「全体最適」化が必要な時代に入るということだ。

　以上から,将来のロジスティクスは,顧客満足を第一義に,サプライヤーから販売競争の第一線である小売店などに物を効率的,効果的かつ迅速,的確に供給するだけでなく,返品の回収,空壜,ダンボール箱の再利用,使用済の自動販売機やコンピュータなどを修理して再使用する,また,廃棄物のリサイクルなどのためのリバースロジスティクス（還流ロジスティクス）が,重要になってきている。今後,リバースロジスティクスを「物の動き」の全体の中でどう位置づけるかが大変重要な課題になると思われる。

【注】
1) J.L.Kent Jr., & D.J.Flint, "Perspective on the Evolution of Logistics Thought" CLM, Journal of Business Logistics, Volume 18, Number 2, 1997, pp.15～25.
2) 阿保栄司著「サプライチェーンの時代」同友館,1998年,pp.99～100。
3) 前出1)に同じ,pp.25～26。
4) 前出2)に同じ,pp.99～100。

[第4章]

ロジスティクスと生産, マーケティングなど主要機能との関係

　ロジスティクスは，顧客満足を得るために，調達から販売競争の第一線まで，物を効率的，効果的かつスピーディーに供給することから，原材料，資材の購入から製品を顧客の手に渡すまでの全過程を「物の流れ」という視点からマネジメントすることである。

　したがって，ロジスティクスは，企業の中の生産，マーケティング，調達など主要な機能と密接な関係を持っている。

　そこで本章ではロジスティクス機能とは何か，また，ロジスティクスと生産，マーケティングなど主要機能とはどのような関係にあるか考えてみる。

1　ロジスティクス機能

　ここではロジスティクス機能について，欧米の代表的なロジスティクス学者の考え方を踏まえてみていく。

　まず，R.H.バルーは，ロジスティクス機能について主要活動と補助活動の2つに分けて，活動を図表4－1のとおりあげている[1]。

図表4−1　主なロジスティクス活動

R.H.バルー	D.M.ランバート & J.R.ストック	J.J.コイル E.J.バルディ C.J.ラングレイ Jr.
(1) Key Activiteis （主要活動） ① Customer Service Standards （顧客サービス基準） ② Transportation （輸送） ③ Inventory Management （在庫管理） ④ Order Processing （受注処理） (2) Support Activities （補助活動） ① Warehousing （倉庫） ② Materials Handling （荷役） ③ Acquisition （購入） ④ Protective Packaging （保護包装） ⑤ Product Scheduling （製造スケジューリング） ⑥ Information Maintenance （情報維持管理）	(1) Customer Service （顧客サービス） (2) Order Processing （受注処理） (3) Distribution Communication （流通コミュニケーション） (4) Inventory Control （在庫統制） (5) Demand Forecasting （需要予測） (6) Traffic and Transportation （輸送） (7) Warehousing and Storage （倉庫と保管） (8) Plant and Warehouse Site Selection （工場と倉庫の立地選定） (9) Material Handling （荷役） (10) Procurement （調達） (11) Parts and Service Support （部品とサービス支援） (12) Packaging （包装） (13) Salvage and Scrap Disposal （廃棄物回収処理） (14) Return Goods Handling （返品処理）	(1) Traffic and Transportation （輸送） (2) Warehousing and Storage （倉庫と保管） (3) Industrial Packaging （工業包装） (4) Materials Handling （荷役） (5) Inventory Control （在庫統制） (6) Order Fulfillment （注文充足） (7) Demand Forecasting （需要予測） (8) Production Planning （生産計画） (9) Purchasing （購買） (10) Customer Service Levels （顧客サービス水準） (11) Plant and Warehouse Site Location （工場と倉庫の立地） (12) Return Goods Handling （返品処理） (13) Parts and Service Support （部品とサービス支援） (14) Salvage and Scrap Disposal （廃棄物回収処理）

第4章 ロジスティクスと生産, マーケティングなど主要機能との関係　47

次に, D.M.ランバート＆J.R.ストックは, ロジスティクス機能として, 図表4－1のとおり14の活動をあげている[2]。

さらに, J.J.コイル, E.J.バルディ, C.J.ラングレイ Jr.も同じように図表4－1のとおり14の活動をあげている[3]。

これらからロジスティクス機能について検討したい。

まず三者ともがかかげているロジスティクス活動は以下のとおりである。

(1) Customer Service Standard（顧客サービス基準）, Customer Service（顧客サービス）, Customer Service Levels（顧客サービス水準）は, 顧客サービス活動

(2) Transportation（輸送）, Traffic and Transportation（輸送）は, 輸配送活動

(3) Order Processing（受注処理）, Order Fulfillment（注文充足）は, 受注処理活動

(4) Warehousing（倉庫）, Warehousing and Storage（倉庫と保管）は, 倉庫と保管活動

(5) Material Handling（荷役）は, 荷役活動

(6) Inventory Management（在庫管理）, Inventory Control（在庫統制）は, 在庫管理活動

(7) Protective Packaging（保護包装）, Packaging（包装）, Industrial Packaging（工業包装）は, 包装活動

(8) Acquisition（購入）, Procurement（調達）, Purchaging（購買）は, 調達・購買活動

と考えることができる。

次に, 二者がかかげているロジスティクス活動についてみると以下のとおりである。

(1) Product Scheduling（製造スケジューリング）, Production Planning（生産計画）は, 生産計画活動

(2) Demand Forecasting（需要予測）は, 需要予測活動

(3) Return Goods Handling（返品処理）は，返品処理活動

(4) Salvage and Scrap Disposal（廃棄物回収処理）は，廃棄物回収処理活動

(5) Plants and Warehouse Site Selection（工場と倉庫の立地選定），Plant and Warehouse Site Location（工場と倉庫の立地）は，工場と倉庫の立地選定活動

(6) Parts and Service Support（部品とサービス支援）は，アフターサービス活動

(7) Information Maitenance（情報維持管理）は，情報処理を意味していること[4]，Distribution Communication（流通コミュニケーション）は，チェーン間や機能間の情報システムを意味していること[5]から情報システム管理活動

と考えることができる。

　これらからロジスティクス活動として顧客サービス，輸配送，在庫管理，受注処理，倉庫と保管，荷役，調達・購買，包装，生産計画，需要予測，返品処理，廃棄物回収処理，工場と倉庫の立地選定，アフターサービス，情報システム管理があげられている。

　以上，アメリカの代表的なロジスティクス学者のロジスティクス活動についてみてきたが，この中で，筆者は，倉庫の立地選定は，倉庫と保管業務活動（工場の立地選定はロジスティクス業務には含めない）に，アフターサービスは顧客サービス活動に含めてよいと考える。ただここで調達・購買活動，生産計画活動，さらに，需要予測活動をどう考えるかという問題がある。

　現在，多くの企業では，購買計画や購買スケジュール活動を調達・購買機能，生産計画や製造スケジュール活動を生産機能，需要予測活動をマーケティング機能と考えているが，筆者は，これらの活動は，ロジスティクスと密接な関係を持っていることから，将来それらの活動をロジスティクス機能に取り込むのがベターと考える。

　以上を総合的に勘案して筆者は，現時点ではロジスティクス機能として，
(1) 顧客サービス

第4章 ロジスティクスと生産，マーケティングなど主要機能との関係

(2) 輸配送（出荷・入荷）
(3) 受注処理
(4) 倉庫と保管
(5) 荷役
(6) 在庫管理
(7) 包装
(8) 返品処理
(9) 廃棄物回収処理
(10) 情報システム管理

などの活動が含まれると考える。

それぞれの概要については以下のとおりである。

(1) 顧客サービス

　顧客サービスは，ロジスティクスが生みだすもので，企業にとって大変重要である。

　顧客サービスとは，必要とする物を必要とする場所に必要とする時に，必要とする数量を適正な品質と適正な価格で供給することである。これは，顧客に製品の利用可能性（Availability）の保証，すなわち品揃えの保証，納期・配送の保証，品質の保証，情報の保証など顧客ニーズを満たすことである。この顧客サービス業務には顧客ニーズの明確化，顧客サービスと構成要素の決定，顧客サービスパッケージ設定，顧客サービス水準の決定，顧客サービスの採算分析等がある。

(2) 輸配送（出荷，入荷）

　物を場所的に移動することによって場所的効用を創出するのが輸送である。つまり，輸送はチャネル間や物流拠点間を輸送機関によって物を移動することである。

　この輸送には，一般的には輸送と配送がある。輸送と配送の違いについて，物の移動はすべて輸送で，その中で短距離で少量輸送を配送と考えるのが妥当である。したがって，配送は輸送のうちのある部分をさしている

言葉である。輸配送業務には輸送機関の決定，輸送ルート，配車スケジューリング，共同配送，複合一貫輸送，運賃決定等がある。

(3) 受 注 処 理

顧客から注文を受けて処理することで，受注業務は，すべての物流・生産活動のスタートでありその重要性を強調して強調しすぎることはない。受注処理業務には受注方法の決定，受注ルールの設定，受注情報処理方法等がある。

(4) 倉庫と保管

倉庫の立地選定や倉庫の建物を整備するとともに，物の保管を効率的にするよう，設備や装置を設置し，それを効率的に運用することである。倉庫と保管業務には倉庫スペースの決定，倉庫設備や装置の設計，自家用・営業倉庫の決定，製品の保管方法等がある。

(5) 荷　　　役

荷役は，輸送，保管の前後に付随して発生する作業で，輸送が場所的効用を創出し，保管が時間的効果を創出するのに対して，荷役はそれ自体価値を創出するものではない。最近，出荷・配送作業が重視されにつれ，この荷役がロジスティクスの中で重要性を増してきている。荷役は「物の動き」の過程で物の積み卸し，運搬，積みつけ，取り出し，仕分け，荷ぞろえ等の作業およびこれに付随する作業で，この業務には機械や装置の選定，機械や装置の再設計，ピッキング方式，保管と出荷作業等がある。

(6) 在 庫 管 理

物を数量的に適正に管理することで，その業務には原材料，資材と製品の在庫方針決定，在庫水準の決定，在庫のコントロール等がある。

(7) 包　　　装

物の輸送，保管を主目的として施す包装で，輸送包装あるいは工業包装とも呼ばれる。この包装の主な機能として保護性，定量性（単位化），便利性，効率性などがあげられる。包装業務には包装材や包装方法の決定，包装作業，包装機器の選定等がある。

(8) 返品処理

　　小売店が卸売店やメーカーに，一旦買われた物を返すことで，この業務には，返品回収輸送，返品の保管，再利用とリサイクル等がある。

(9) 廃棄物回収処理

　　包装容器，包装材料など使用済資材や廃棄物を回収することで，この業務には廃棄物の回収輸送，廃棄物の保管，再利用とリサイクル等がある。

(10) 情報システム管理

　　調達から販売までの「物の動き」をコンピュータによってコントロールすることで，この業務には情報収集・保管・処理，情報分析，等のコントロール方法がある。

今まで，ロジスティクス機能とは何かについてみてきた。次にロジスティクスと主要機能との関係についてみていく。

2　マーケティング機能とロジスティクス

　ロジスティクスは，マーケティングの他の半分と言われるほど密接な関係を持っている。マーケティングとロジスティクスの関係を重要視して重要視しすぎることはない。

　マーケティングとロジスティクスとの関係についてみると，主なものをあげれば，

(1) 製品政策

(2) マーケティングサービス

(3) 価格決定

(4) 販売促進

(5) 流通チャネル

(6) 需要予測

などである[6]。以下その特徴をみていく。

(1) 製品政策

製品ライン政策は，ロジスティクスに大きな影響を及ぼしている。

まず，多品種化政策でいくのか，少品種化政策でいくかによって受注処理，在庫管理，マテハンや輸配送業務に大きな影響を与える[7]。

また，商業包装をどうするかという問題は，まず，工業包装にも大きな影響を与える。さらに，製品の統廃合をどう進めるかも，受注処理，マテハン，輸送業務などの効率化に大きな影響を与える。

(2) マーケティングサービス

マーケティングサービスとロジスティクスとの関係についてみると主なものとして顧客に供給される製品のスピード，信頼性など利用可能性がある。

スピードは在庫拠点をどこにどのように置くか，またどのような輸送機関を使うかということでロジスティクスに大きな影響を与える。また，信頼性は在庫をどの程度持つか，また，安全在庫量をどの程度にするかなど大きな影響を与える[8]。

(3) 価格決定

価格決定とロジスティクスとの関係でまず考えられるのは運賃である。たとえば，ディスカウントスケジュールによってケース・パレット・トラック単位など運ぶ量や運賃に影響を与える。さらに，それにもとづいて在庫をどう確保したらよいかという問題もある[9]。企業の低価格政策のため大量購入（フルトラック，フルトレイン）がなされる結果，輸送や作業効率に大きな影響を与える。その他，運賃が着払いか，元払いかによっても価格に影響を与える。

(4) 販売促進

特別な販売促進策が行われることによって，販売量が増えるため，受注処理，輸配送，マテリアルハンドリングなどの増加はもちろんのこと，そのために在庫を十分持つようにしなければならない。また企業が広告宣伝を行った場合，消費者が小売店ですぐ購入できるようにしておくことはも

ちろんのこと在庫も十分持っておく必要がある。さらに、キャンペーンなどのピーク時への対応も大きくロジスティクスに影響を与える。販売政策について、プッシュ型か、プル型かによっても輸送や在庫の持ち方などにも大きな影響を与える。

(5) 流通チャネル

直接消費者に販売するか、小売店を通すか、さらには卸売を通すかによってロジスティクスに大きな影響を与える。たとえば、卸売を通す場合は、比較的大口で購入すること、在庫を前もって予測できること、比較的一定していること、リードタイムが長いこと、緊急輸送が少ないことなどの特徴があるが、一方、小売店を通す場合は、小口で購入すること、在庫を前もって予測できないこと、一定していないこと、リードタイムが短いこと、緊急輸送が多いことなどの特徴がある[10]。

(6) 需要予測

需要予測とロジスティクスは大変重要な関係を持っている。需要予測は高い信頼性が必要である。正確な予測によって、品切れによる売り損じがないこと、ムダな生産をしなくてよいこと、ムダな在庫を持たなくてよいこと、在庫量などを削減できることである。つまり、正確な需要予測は在庫量を減じ、サービスの信頼性を増すとともに作業システムも効率化する。一方需要予測エラーについて過大予測の場合は在庫過多を招くこと、過少予測は売り損失を発生させることである。

以上、マーケティングとロジスティクスの関係についてみてきたが、これらを要約すれば、多品種化政策か、少品種化政策か、PB製品など新製品導入や品揃えなど製品政策、スピードと信頼性、ディスカウントやケース、パレット、トラック単位の購入などによる価格政策、キャンペーン、月末プッシュ販売、季節需要対応などによる販売促進、消費者に直接販売するか、中間流通を通して販売するかという流通チャネル政策、さらには需要予測などはロジスティクスと大変密接な関連を持っている。

3　生産機能とロジスティクス

　生産とロジスティクスの関係には次の2つの面がある。1つは，在庫補完と急激な顧客需要への対応，もう1つは，原材料・資材，部品を必要な時に必要な量を生産部門へ供給することである。前者は販売物流の面であり，後者は，調達物流の面である。生産とロジスティクスとの主な関係をみると次のものがある[11]。

(1)　工場のロケーション

(2)　生　産　方　法

(3)　生　産　体　制

それぞれの特徴についてみると以下のとおりである。

(1)　工場のロケーション

　　工場のロケーションは，市場や顧客からみて近い位置にあって顧客サービスが十分行えるか，また原材料・資材，部品が容易に入手できる位置にあるか，また，周囲の道路状況を含めて物流上，交通上問題のない位置にあるかなど，工場のロケーションは販売物流や調達物流に大きな影響を与える。

(2)　生　産　方　法

　　見込生産か受注生産かによって，顧客サービスや在庫保管コストなど物流費に大きな影響を与える。生産リードタイムが長いとどうしても在庫過剰をもたらす。生産リードタイムの長短のメリット，デメリットをよく考える必要がある。季節需要に応ずるため前もって沢山，生産すれば在庫保管コストが大きくなる[12]。大口生産か小口生産かによって在庫保管コストに大きく影響を与える。また，サプライヤーとの関連についてみると，原材料，資材，部品が切れると生産設備が止まることによる損害が大きくなるため，余分な在庫を持つ結果，在庫保管コストがかかる[13]。

(3)　生　産　体　制

市場の需要に応じて柔軟な生産体制を組めるかはロジスティクスに大きな影響を与える。たとえば，生産の変更時間（生産切り替え，セットアップ，変更が少ないこと）が長いと，在庫過剰をもたらす。生産ラインを1つの製品から他の製品への切り替えを頻繁にやって需要に応ずる生産をすることは大変重要なことである。また，増産の瞬発力も大変重要なことだ。

これらを要約すれば，工場をどこにつくるか，どこに位置しているかという工場のロケーション，見込生産か受注生産かなど生産方法，どの程度増減産が可能かという製造水準コントロール，さらには販売に対してどの程度フレキシブルに対応できる生産体制かなどロジスティクスと密接な関連を持っている。

4　調達機能とロジスティクス

調達とロジスティクスとの関係は，大変密接な関係を持っている。調達リードタイムの長短によって在庫費用への影響，サプライヤーの信頼性の有無によって在庫への影響，サプライヤーとの距離の遠近あるいは国内か海外かによって輸送や在庫への影響，バーゲニングパワーの発揮などによってサプライヤーの選定とコントロール政策，購入量や購入の仕方によるサプライヤーへのインセンティブに関する購入政策，あるいは，サプライヤーにある期間の最適購入数量の提示とか納入量の確定リードタイムの短縮によってリスクを分担する政策，さらには市場の変化にもとづく販売，生産の変動などの情報をサプライヤーといかに共有するかというパートナーシップ関係など調達機能はロジスティクスと大変密接な関係を持っている[14]。

5 製品開発設計機能とロジスティクス

製品開発設計技術とロジスティクスとの関係についてみると、たとえば、作りやすさや運びやすさを考慮すること、さらに部品の共通化など製品設計、生産をできうる限り上流で可能になるような延期戦略、多品種化の限度（歯止め）や定期的なアイテム整理、新製品導入による既存品への影響や出荷活動などアイテムコントロールはロジスティクスと密接な関連を持っている[15]。

今まで、ロジスティクスと主要機能との密接な時間についてみてきたが、最後に、企業におけるこれらの主要機能にはそれぞれの論理、つまり機能別の目標が厳然と存在する。これら機能の論理と顧客サービス、保管（在庫）コスト、配送コスト、製造コスト、購入コストとの関係についてみると図表4－2のとおり、それぞれの機能間にコンフリクトが存在することに留意する必要がある。これらの機能の論理(目標)を乗り越えて「全体最適」を求めることが大変重要なポイントである。すなわち、顧客サービスの向上と製造・保管・配送・購入コストの低減をめざすことは企業にとって大変重要であることは論をまたない。

図表4－2　主要機能の論理と顧客サービス・コストとの関係

機能	論理	高低	顧客サービス	保管コスト	配送コスト	製造コスト	購入コスト
マーケティング	売上増大・シェアアップ	高	○	×	×	×	×
		低					
生産	生産増・生産合理化	高		×	×		×
		低	×			○	
調達	低価格購入	高		×	×	×	
		低	×				○
ロジスティクス	物流コスト低減	高				×	×
		低	×	○	○		

第4章 ロジスティクスと生産,マーケティングなど主要機能との関係

【注】
1) R.H.Ballou, Business Logistics Management (2 nd Edition), Prentice Hall, 1985, pp.7〜8.
2) D.M.Lambert, & J.R. Stock, Strategic Logistics Management (3 rd Edition). IRWIN, 1993, p.13.
3) J.J.Coyle, E.J.Bardi, C.J.Langley Jr., The Management of Business Logistics (6 th Edition). West, 1996, p.44.
4) 前出1に同じ,p.8。
5) 前出2に同じ,p.14。
6) J.F.Magee, W.C.Copacino, D.B.Rosenfield, Modern Logistics Management. WILEY, 1985, pp.34〜38.
7) 前出6に同じ,pp.34〜35。
8) 前出6に同じ,pp.35〜37。
9) 前出3に同じ,pp.39〜40。
10) 前出3に同じ,p.42。
11) 前出6に同じ,pp.40〜44。
12) 前出3に同じ,p.38。
13) 前出3に同じ,p.38。
14) 前出6に同じ,pp.44〜46。
15) 前出6に同じ,pp.46〜47。

[第5章]

ロジスティクス戦略

　わが国におけるロジスティクスが要請される環境要件として，顧客要求変化に迅速，的確に対応する必要がでてきたこと，規制緩和によりビジネスチャンスの到来や自由かつ公平なサービスが可能になったこと，JITなど時間をめぐる競争において優位に立つ必要がでてきたこと，グローバル化の進展によって国境を越えて調達・生産・販売業務を効率的に支援する必要が出てきたこと，情報や通信技術の急速な進展によって部門間，企業間の統合が可能になったことなどによって企業経営にロジスティクスが必要になった。特に，最近のグローバル化の急速な進展によって大競争時代（メガコンペティション）を迎えて，サービスとコスト競争の激化によって効率的経営志向が求められている。このような状況の中で物流部門として顧客サービスの向上とコスト削減するにはロジスティクス戦略が急務になっていると言っても過言でない。
　そこで，本章ではロジスティクス戦略について検討する。

1　代表的なロジスティクス戦略

　ここでは，まず，代表的なロジスティクス戦略について，アンダーセンコンサルティングのロジスティクス部門責任者のコパチーノの所論にもとづいてみていく[1)2)]。

コパチーノは，ロジスティクス戦略とロジスティクス計画を厳然と区別する。それは，ロジスティクス戦略と計画を区別することによって，差別化の機会が得られ，ロジスティクスが企業の中で役割の重要性が増し，さらに，ロジスティクス機能やインフラへの投資がより社内で承認されやすくなるからである。

一方，それが区別されないとロジスティクス活動について，付加価値活動としてみられるよりはむしろコストセンター機能とみられてしまうからである。

コパチーノは，ロジスティクス戦略について「ロジスティクスシステムがつくりださねばならないサービス水準目標とコスト目標を確立することである(Logistics strategy involves the determination of what performance criteria the logistics system must maintain-more specifically, the service levels and cost objectives the logistics system must meet)」と述べている。

一般的に，サービスとコストとの間にはトレード・オフの関係にある。つまり，サービスを上げればコストが上昇する関係にあり，サービスとコストとの間には収穫逓減の法則が働く世界である。コパチーノによれば，図表5－1か

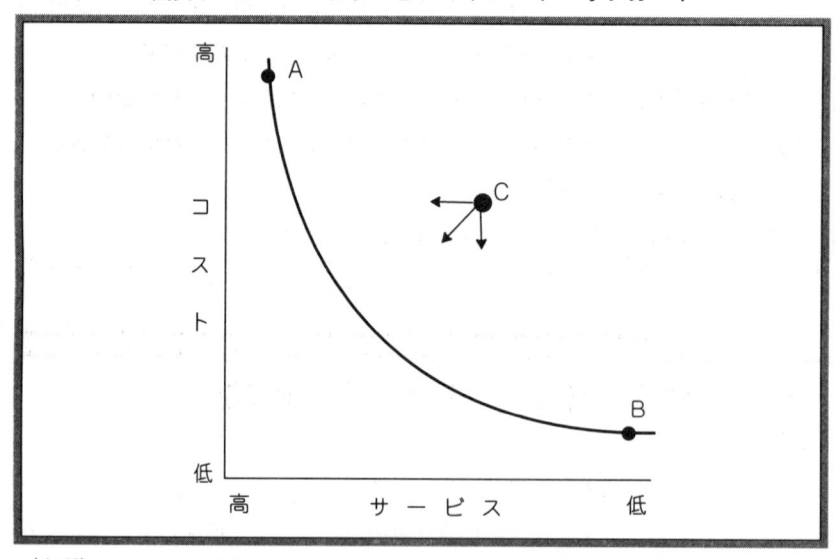

図表5－1　コストサービスのトレード・オフカード

(出所)　Copacino, WC. Supply Chain Management. The St. Lucie Press, 1997.

第5章 ロジスティクス戦略　61

図表5－2　ロジィスティクス戦略計画の枠組み

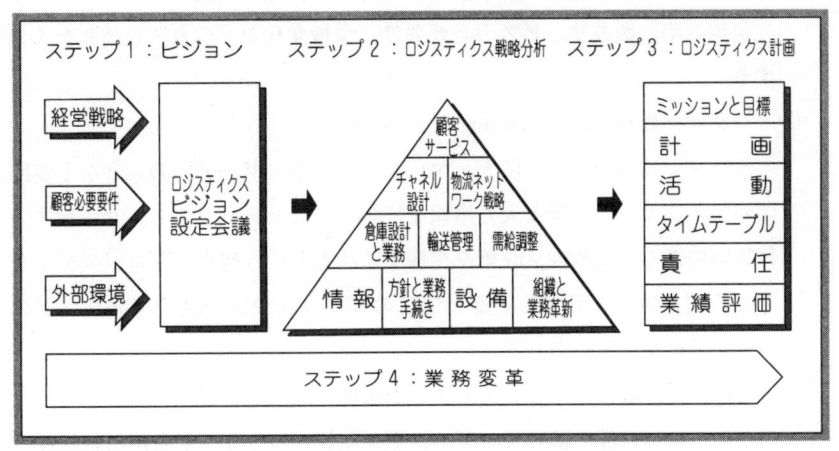

ステップ1：ビジョン	ステップ2：ロジスティクス戦略分析	ステップ3：ロジスティクス計画
経営戦略／顧客必要要件／外部環境　→　ロジスティクスビジョン設定会議	顧客サービス／チャネル設計／物流ネットワーク戦略／倉庫設計と業務／輸送管理／需給調整／情報／方針と業務手続き／設備／組織と業務革新（ピラミッド型）	ミッションと目標／計画／活動／タイムテーブル／責任／業績評価

ステップ4：業務変革

（出所）　J.F.Robeson, & W.C.Copacino, The Logistics Handbook. Free Press, 1994.

らサービスとコストについて，ある会社は，高いサービスポジション(A)を選択することができるが，この場合は高いコストがかかる。一方，ある会社は，低いサービスポジション(B)を選択することができるが，この場合は低いコストでよい。

しかし，実際は，多くの企業は，必ずしもサービスとコストで最大の効率化がなされていない位置(C)にある。これらの会社は，どこに位置づけるか意思決定が必要である。

一方，ロジスティクス計画については「望ましいサービスとコストパフォーマンスを確保するためにロジスティクス資源すべての展開とマネジメントである（Logistics planning involves the deployment and management of all logistics resources in order to attain the desired cost-service performance）」と述べている。

このロジスティクス戦略とロジスティクス計画との関係についてそれぞれプロセスは別であるが，それぞれを決定する場合は密接に関連づけることによって便益が得られる。

コパチーノは，ロジスティクス戦略展開とその計画のプロセスについて次の4つの要素で論じている（図表5－2）。

(1) 重要な入力情報 (Critical Inputs)

　企業戦略，顧客サービスの必要要件，環境変化などの重要な情報を入力する。

(2) ビジョン設定会議 (Visioning Session)

　ビジョン設定会議は，販売・マーケティング・財務部門のような主要部門のマネジャーが重要な入力情報を評価することと，コスト，サービス，付加価値能力，柔軟性，改革を支援する能力という観点からロジスティクスとの関連性を評価する。そしてこのビジョン設定会議で可能なロジスティクス戦略が求められる。

　特に，参加者は，ロジスティクスが市場で企業を差別化することと，カギとなる戦略目標や顧客サービス目標を支援するように考慮が払われる。

(3) ロジスティクス戦略分析 (Logistics Strategic Analysis)

　コパチーノは，戦略を考えるにあたり，ロジスティクス戦略ピラミッドという枠組みを用いている。この枠組みを用いるとロジスティクス戦略がわかりやすくなる。また，ロジスティクス戦略を立案する時に必要な検討事項を見逃すことなく見つけだすツールとして役立つ。ロジスティクス戦略分析は，ロジスティクスピラミッドのすべてのレベルをよく理解し考慮する必要がある。このピラミッドではロジスティクスの要素を戦略，構造，機能，実行の4つの方法に分けて検討している。

以下それぞれについてみていく。

① 戦略レベル (Strategic)

　ロジスティクスは，顧客にどのような価値の提供に貢献できるかを決定する。それには提供する基本的サービスとは何か，競争優位なサービスとは何かを明確にしなければならない。さらに，それを提供することが可能かどうかも検討する必要がある。要は，顧客サービスを通して戦略方向を設定することである。

② 構造レベル (Structural)

　戦略レベルの決定にもとづき，構造レベルつまりチャネル設計や物流

ネットワーク設計を検討する。

　チャネル設計は，たとえば顧客に直接売るべきか，それとも卸など中間業者を通して販売すべきかなどである。物流ネットワーク設計は，どの製品をどこの工場から出荷すべきか，倉庫はいくつ持つべきか，どこにつくるか，さらにその役割をどうするかなどを決定する。

　これら構造レベルの決定は，価値の創出やより少ないコストでより多くの価値を成就する機会を提供することになる。

　③　機能レベル（Functional）

　次のレベルは，今までのレベルをいかにうまくやるかである。

　輸送管理，倉庫管理，需給調整（需要予測，在庫管理，製造スケジューリングと購入を含む）の機能を統合して全体最適化することである。

　機能の優秀性を確保するためプロセス志向をめざしてそれぞれの機能の業務活動を統合する必要がある。

　④　実行レベル（Implementation）

　実行がうまくいかねば，ロジスティクス戦略や計画はうまくいかない。実行するうえで，情報と組織は欠かせない。組織については構造，役割と責任，評価基準が重要である。情報は，ロジスティクスを統合するうえで必要不可欠である。意思決定支援ツール，応用ソフト，情報検索，システムの構造に関する情報は特に重要である。

(4)　ロジスティクス計画（Logistics Planning）

　最後にロジスティクス計画が要約される。目標，計画，中間目標，業務判断基準の大枠を決めることになる。ロジスティクス計画は，ロジスティクス機能やプログラムと活動がそれらの目標を達成するためのミッションや目標のあらましを示したロードマップである。

　その目標は，完成するための分析方法やプロジェクトだけでなく，顧客サービスとコストパフォーマンスのターゲットが含まれる。さらに，ロジスティクス計画は特別な業績評価も含まれる。

　以上，コパチーノのロジスティクス戦略の構造は，内部環境と外部環境に照

らしてみている。さらに、ロジスティクス戦略ピラミッドによって分析し、それにもとづいてロジスティクス計画を策定する仕組みになっている。

今までコパチーノのロジスティクス戦略についてみてきたが、コパチーノがロジスティクス戦略について顧客サービス目標を達成するため、流通チャネルと物流チャネルという枠組みを最初に考えたことは大変評価できるであろう。

これについて、M.クリストファーも、コパチーノのこのプロセスについて、「構造を組みたてる前に戦略展開するためピラミッドの頂上から始めることは大変重要である。何故なら普通、企業は、業務を改善しようとする場合、組織表をかえることによって始めるケースが多い。こんな場合は戦略的変化に先導されないため市場へのインパクトが弱くなるからである」と評価している[3]。

以上、コパチーノのロジスティクス戦略についてみてきたが、筆者には、コパチーノのロジスティクス戦略は戦略目標ではないかと思われる。そして、ロジスティクス計画の主要部分こそロジスティクス戦略そのものではないかと考える。

2　ロジスティクス戦略

筆者は、ロジスティクス戦略について次のように考える。

ロジスティクス戦略についてふれる前に、まず戦略とは何かを考えてみたい。企業の中に戦略の概念を導入させるキッカケになったのは、1950年代後半から始まったアメリカの急激な経済、社会の環境変化であったと言われている。環境の変化の中で、企業が将来どういう方向を選ぶかということが大変重要であり、そのため戦略概念を導入しなければならなかったと理解されている。

現在のように厳しい経済、社会の環境条件にある企業としては、将来をみつめつつ、現在どのような道を歩むべきか、慎重に選択しなければならない状態にある。そのため、企業経営にとって、どうしても戦略概念の導入が必要になっていると言える。

戦略とは，環境変化への対応と競争の優位性を確保するために，企業が人，物，金，情報，時間などの諸資源を使って，諸活動の組み合わせの方針を決定することである。したがって，戦略概念は，企業の経営段階や，生産，販売，物流など部門段階への戦略概念の導入は必要不可欠である。

　ではロジスティクス戦略とは何か。

　筆者は，ロジスティクス戦略の目標を「競争優位なサービスとコストの決定」と考える。そしてそれを確立するための方針こそロジスティクス戦略と考える。

　その戦略として「顧客サービス戦略の展開」，「生販物統合戦略の展開」および「サプライチェーンマネジメント戦略の展開」を考える。

　それぞれについてみると，次のとおりである。

(1) 顧客サービス戦略の展開

　　顧客サービスは，顧客に対して品揃えの保証，時間・配送の保証，品質の保証，情報の保証など利用可能性（Availability）を保証することである。

　　ロジスティクスは，企業の経営戦略にもとづいた顧客サービスの目標の設定から始まり，まさに顧客サービスによる差別化戦略である。顧客へのサービスをいかなる水準で提供すれば顧客が満足し，自社の取引を拡大してくれるか積極的に追求する。また，顧客サービスについてライバル企業との差別化をどう実現するかということも大事である。大事なことは，相対的な顧客サービスクオリティー（顧客サービスの質）の視点である。顧客サービス設定にあたっては供給側の理論に陥らず，競合相手の動向をみきわめ，そのうえで顧客の満足度を高める努力が必要である。

(2) 生販物統合戦略の展開

　　調達，生産，物流，販売の要請をバランスさせ「全体均衡」を求めることこそロジスティクスの中心的命題だ。企業内サプライチェーン統合システムである生販物統合を抜きにしたロジスティクスは存在しないと言ってよい。

　　ロジスティクスは，「部門最適」から「全体最適」を目的とするもので，今や「部門最適」のアプローチでは厳しい企業間競争に勝てない時代に入っ

ている。原材料の調達計画から最終の消費に至るまでの「物の動き」に関する多くの活動を部分の活動としてではなく，効果的に組み合わせたトータルな活動として相乗効果を上げていく。

　すなわち，ロジスティクスは，費用対効果という点で調達，生産，販売，物流を含めて「全体最適」をめざすものである。

(3)　サプライチェーンマネジメント戦略の展開

　生販統合システムは，社内の企業内サプライチェーン統合システムであり，この統合の概念をさらに社外の取引先を含めた企業間サプライチェーン統合システムへと拡張する必要がある。

　つまり，企業間にとどまらず最終顧客ニーズを基本としてサプライヤー，メーカー，物流専業者，流通業者などの異なった組織間でパートナーシップにもとづく企業間サプライチェーン統合システムを構築する必要がある。この企業間サプライチェーン統合システムこそサプライチェーンマネジメント（供給連鎖管理）と言われるものである。

　サプライチェーンマネジメントは，サプライヤーから最終顧客に至るまでの全体的な「物の動き」を統合的に管理することで，生販物統合が社内の「物の動き」の「全体最適」を求めるものであるとすれば，サプライヤーから最終顧客に至るまでの各チャネル全体の「物の動き」の「全体最適」を求めるものである。

【注】
1）　W.C.Copacino, Supply Chain Management. The St. Lucie Press, 1997, pp.27～34.
2）　J.F.Robeson, & W.C.Copacino, The Logistics Handbook. Free Press, 1994, pp.57～75.
3）　M.Christoper, Logistics and Supply Chain Management. FT Pitman, 1992, p.213.

[第6章]

顧客サービス戦略

> グローバル化の進展によって大競争（メガコンペティション）時代を迎えて企業は，生き残りをかけて，製品差別化戦略，低コスト戦略，顧客サービス差別化戦略に取り組んでいる。
> 　特に最近は，顧客要求のたえざる変化や，製品のコモディティ化（個客化）でブランドが退化することによって，製品の機能や品質の差別化が困難になってきているところから，サービスとコストの差別化の時代に入っている。このような状況の中で顧客サービスの差別化が大変重要な課題になっている。
> 　本章では顧客サービスとは何かを考え，さらに，顧客サービス戦略を展開する。

1　顧客サービスとマーケティング

　まず，顧客サービスとマーケティングの関係についてみると，マーケティングは，企業の長期的な収益を最大化するため マーケティングミックス（4P, Product, Price, Promotion, Place）を管理することである。マーケティングには Product, Price, Promotion を管理する狭い意味のマーケティングと Place を管理するロジスティクスがあると言われている。マーケティングミックスの4Pのうち場所を表わすPこそ顧客サービスである。このPは，主として，製品

に対して場所と時間の効用を創出するものと言われている。しかしながら，Pにはロジスティクスにかかわるp′と，狭い意味のマーケティングにおけるP，つまり，製品に対して，所有の効用を創出するための場所すなわち商流チャネルの問題があることに留意すべきである。

したがって，マーケティングミックスの場所を表わすP，すなわち，顧客サービスはマーケティングとロジスティクスの接点に位置している。顧客満足は顧客サービスのP′と他の3P＋Pと一緒になって得られるものである。顧客サービスのP′は他の3P＋Pと比べても大変重要な役割を持っていることを認識すべきである。

2 顧客サービスとロジスティクス

次に，顧客サービスとロジスティクスの関係についてみる。

ロジスティクスのアウトプットは，まさに顧客サービスである。そしてロジスティクスの目的は，顧客サービスとトータルコストをいかに最適化させるかであるが，その究極的な目的は顧客を満足させることにある。

すべてのロジスティクスシステムは，
(1) 顧客サービスニーズの識別（Identify Customers' Service Needs）
(2) 顧客サービス目標の明確化（Define Customer Service Objectives）
(3) ロジスティクスシステム設計（Design the Logistics System）

という段階をふむところから（図表6－1）[1]，顧客サービスは，ロジスティクスシステムの基礎となっている。つまり，顧客サービスはロジスティクスシステムの規定要因となっているのだ。

ロジスティクスシステムを構成するロジスティクス機能は，図表6－2のように，トレード・オフの関係にあるため，トータルコスト分析は，ロジスティクス機能を統合するカギとなる。

ロジスティクスの効率化と真のコスト削減は顧客サービス目標にもとづいて，

図表6-1 ロジスティクスシステム

```
┌─────────────────────────┐
│   顧客サービスニーズの識別   │
└─────────────────────────┘
            ↓
┌─────────────────────────┐
│   顧客サービス目的の明確化   │
└─────────────────────────┘
            ↓
┌─────────────────────────┐
│   ロジスティクスシステム設計   │
└─────────────────────────┘
```

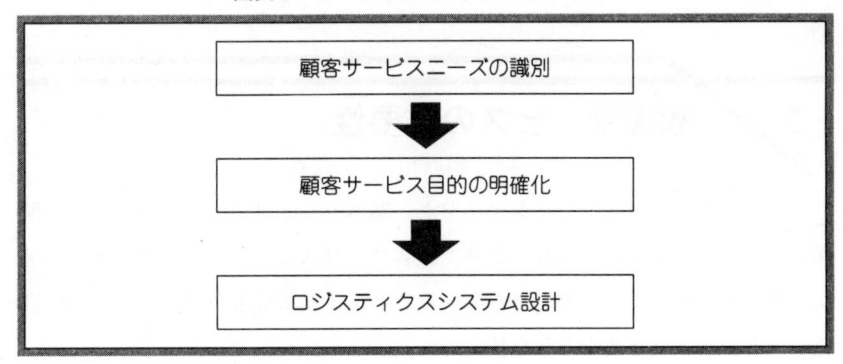

（出所） M. Christopher, Logistics and Supply Chain Management. FT Pitman, 1992.

図表6-2 ロジスティクスシステムのコストトレード・オフ

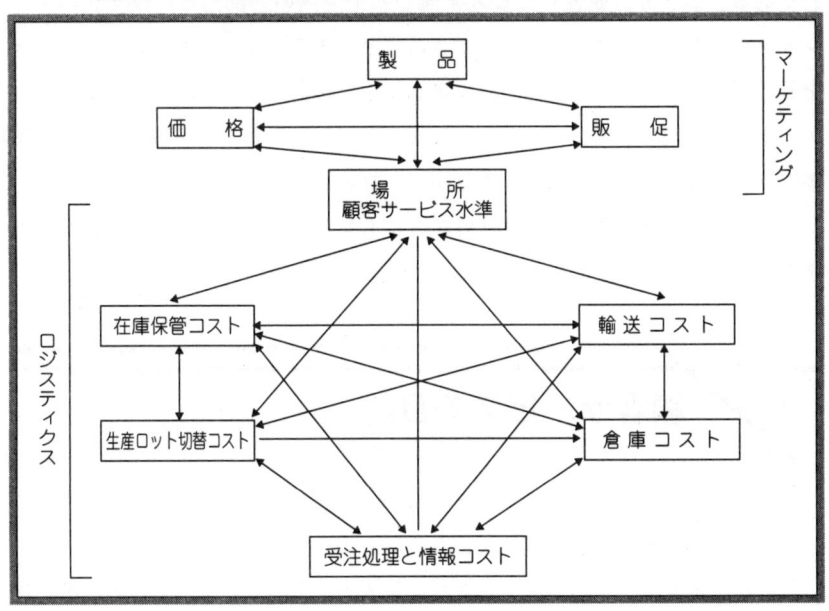

マーケティング：製品、価格、販促、場所／顧客サービス水準

ロジスティクス：場所／顧客サービス水準、在庫保管コスト、輸送コスト、生産ロット切替コスト、倉庫コスト、受注処理と情報コスト

（出所） D. M. Lambert, & J. R. Stock, Strategic Logistics Management (3 rd Editon). IRWIN, 1993.

ロジスティクス機能を統合したシステムとして捉えて，サービスとトータルコストを最適化させることによって可能になる。したがって，ロジスティクスシ

ステムは企業の顧客サービス目標を設定しないと始まらないと言える[2]。

3 顧客サービスの重要性

以上，顧客サービスとマーケティング，顧客サービスとロジスティクスの関係についてみてきたが，これらから，顧客サービスは，ロジスティクスシステムの規定要因としての役割を持っていること，また販売競争戦略としての差別化手段という大変重要な役割を持っている。

さらに，われわれが見逃してはならないことは，顧客サービスの社内的な側面である。つまり，顧客サービスを通じて企業内の各部門とのコミュニケーションや連携を向上させることができることである。すなわち，顧客サービスをどうするかを企業の主要部門のマネジャーと検討する中で，特に営業やマーケティング部門のマネジャーとのコミュニケーションや業務連携を通じて競争優位を勝ちとるための価値ある情報が得られることである[3]。

これらから，顧客サービスは社外顧客はもちろんであるが，社内の顧客との連携手段という重要な役割を持っていることがわかる。

4 顧客サービスの目的

マーケティング (Product, Price, Promotion, P) は顧客創出，一方ロジスティクス (P′) は，顧客維持が目的と言われている。

しかし，筆者は，マーケティングもロジスティクスもいずれも顧客創出と顧客維持の役割を持っていると考える。マーケティングは主として顧客創出という重要な役割を，一方，ロジスティクスは主として顧客維持の役割を持っていると考える方が妥当である。

従来から企業はどちらかと言うと顧客維持より顧客創出に力を入れてきた。

しかし，最近は，維持された顧客は，新しくつくられた顧客より，より大きな利益を生むということでその重要性が見直されてきている。

つまり，顧客維持は
(1) 新しい顧客獲得には広告宣伝費，販促費などかなりのコストがかかること
(2) 購入自体によって利益が得られること
(3) 売上機会が拡大すること
(4) オペレーションコストが節約されること
(5) 他の客の紹介をしてもらえること

などから大変重要なことである[4]。

これを要するに，一般的にコストについて顧客創出のコストは顧客維持のコストより多くかかること，利益については，顧客創出の利益は，顧客維持の利益より少ないことなどから判断して，顧客維持は顧客創出よりも重要と考えられなくもない。

5 顧客サービスの定義とその構成要素

顧客サービスとは何か。

ここで欧米の代表的なロジスティクス学者の顧客サービスの定義についてみる。

まず，B．J．ラロンドとP．H．ジンザーは顧客サービスを次の3つの段階で使用されるとしている[5]。

(1) 活動としての顧客サービス

　受注処理，請求書，返品，クレーム処理など顧客のニーズを満足させる特別な顧客サービスの作業としての顧客サービス

(2) 業務基準としての顧客サービス

　在庫率や注文充足率など特別な業務基準としての顧客サービス

図表6-3 顧客サービスの典型的な定義

1. 顧客から注文を受け，処理し，出荷し，そして請求書を出すためや誤った活動をフォローするために要するすべての活動
2. 顧客の要望に応じて物を顧客にタイムリーに，また正確に届けること
3. 顧客に満足してもらうよう製品を配送し，請求書を送付し，そして会社の目標を達成するビジネスのすべての領域にかかわる一連の活動
4. すべての受注，顧客とのコミュニケーション，出荷，配送，請求書，及び製品の修理管理
5. 顧客からの注文製品のタイムリーで正確な配送，正確なフォローアップと質問への回答，及びタイムリーな請求書の送付

(出所) M.Christopher, Logistics and Supply Chain Management. FT Pitman, 1992.

(3) 経営理念としての顧客サービス

　　すぐれた顧客サービスを通して顧客満足を提供するための会社全体の約束，つまり会社の理念としての顧客サービス

そして，ラロンドとジンザーは，図表6-3のように顧客サービスについて典型的な定義をあげている[6]。

また，M.C.クーパーらは「顧客サービスはコスト効果的にサプライチェーンに重要な付加価値を与える過程である (Customer service is a process for significant value added benefits to the supply chain in a cost effective way)」と定義している[7]。

以上，顧客サービスの定義についていろいろみてきたが，筆者は，顧客サービスについて次のように考える。

経営システムは，人的・物的・財務的・情報的資源を使って製品と顧客サービスを生み出し，顧客価値を創造（顧客満足）している。この顧客サービスにはマーケティングサービス，経営・技術・情報サービスやロジスティクスに関するサービスなどがあると考える。

このロジスティクスに関するサービスは調達，生産，販売，物流などを統合したロジスティクスが産出するサービスである。

そしてロジスティクスに関するサービスは顧客に製品の利用可能性（Availability) を保証することである。

すなわち,
(1) 顧客が欲する製品があること（品揃えの保証）
(2) 顧客が欲する時間内に商品が届けられること（時間・配送の保証）
(3) 顧客が欲する品質であること（品質の保証）
(4) 顧客が欲する情報があること（情報の保証）

など顧客のロジスティクスニーズを満たすことである。

要は，必要とする製品を必要とする場所に必要とする時に必要とする数量を適正な品質と適正な価格で供給することである。

次に顧客サービス要素についてみると，ラロンドとジンザーは顧客サービスについて取引前，取引中，取引後の3つのグループに分けている。

それぞれについてみると以下のとおりである[8]。

(1) 取 引 前

　この要素は，定型化されていないこと，政策に関すること，マネジメント要素の導入を要することなどに特徴がある。これらの活動は，ロジスティクスに直接かかわっていないが，製品の販売に重要なかかわりを持っている。これらの要素は，マーケティング政策が成功するために本質的なものである。

　その要素をあげるならば次のとおりである。

① 顧客サービスポリシーの記述書（Written Statement Policy）
② 顧客サービス水準の記述書（Customer Receives Policy Statement）
③ 組織構造（Organizational Structure 顧客サービス部門）
④ システムの柔軟性（System Flexibility 特別な顧客ニーズへの対応）
⑤ 経営指導（Management Service）

(2) 取 引 中

　この要素は，顧客サービスに正式に関連した活動で次のとおりである。
　これらの要素は販売に直接影響を与えるため最も目にみえるものである。

① 品切率（Stockout Level）

② 注 文 情 報（Order Information 在庫などの情報）

　③ 受注リードタイム（Elements of Order Cycle）

　④ 緊 急 出 荷（Expedite Shipments）

　⑤ 転　　　送（Tranship 品切れ防止のための物流拠点間の移動）

　⑥ システムの正確性（System Accuracy 数量や請求書などの正確性）

　⑦ 注文の便利性（Order Convenience 注文書や用語など）

　⑧ 代 替 製 品（Product Substitution）

(3) 取　引　後

　これは，製品が販売された後に製品をサポートするためのもので，次のような要素がある。

　① 取付け，保証，交換，修理，部品（Installation, Warranty, Alterations, Repairs, Parts）

　② 製品納入後の対応（Product Tracing）

　③ 製品のクレーム，苦情，返品（Customer Claims, Complaints, Returns）

　④ 製品の一時的代替（Temporary Replacement of Product）

以上，ラロンドとジンザーの顧客サービス要素についてみてきたが，筆者は顧客サービス要素について利用可能性の保証という観点から次のように考える。

(1) 品揃えの保証

　在庫サービス率，注文充足率

(2) 時間・配送の保証

　納期，時間指定，緊急出荷

　受注締切時間，受注単位，納入頻度

(3) 物流品質の保証

　保管中・輸送中の品質劣化，物流的損傷

　誤配送，数量違い，品質・品種違い

(4) 情報の保証

　在庫・品切れ情報，到着日時，輸送中の商品情報，追跡情報，再入荷情報

(5) そ の 他

　　店入条件など

6　顧客サービス戦略の展開

　以上，顧客サービスについていろいろみてきたが，ここでは顧客サービスをどう戦略的に展開したらよいか考えてみる。

　まず，企業において顧客サービスの問題をあげると

(1) 顧客サービス調査をしないし，してもマーケティング調査のほんの一部として実施するにすぎないこと

(2) 顧客サービスはマーケティングミックスの構成要素であることが忘れられていること

(3) 供給側は，顧客がどういう顧客サービスレベルを評価しているか，必ずしも正確に認識していないこと

(4) 顧客サービスレベルが，しばしば企業の論理，管理判断，過去の実例にもとづいていて，顧客サービスレベルが顧客が本当に欲しているものや企業の収益性を最大化することにもとづいていないこと

(5) 過度の顧客サービスが行われ，それが企業の利益に悪影響を与えていること

などである。これでは顧客サービスの戦略的展開はおぼつかない。顧客サービス戦略の目的は顧客維持である。企業が顧客サービスを戦略的に展開するにあたっては，筆者は，次の３点に重点的に取り組む必要があると考える。

　第１は，顧客サービス方針を明確化すること

　第２は，セグメント（層別）化された顧客サービスパッケージをつくること

　第３は，顧客サービスの採算分析を行うこと

である。以下それぞれの特徴について述べる。

　(1) 顧客サービス方針を明確化すること

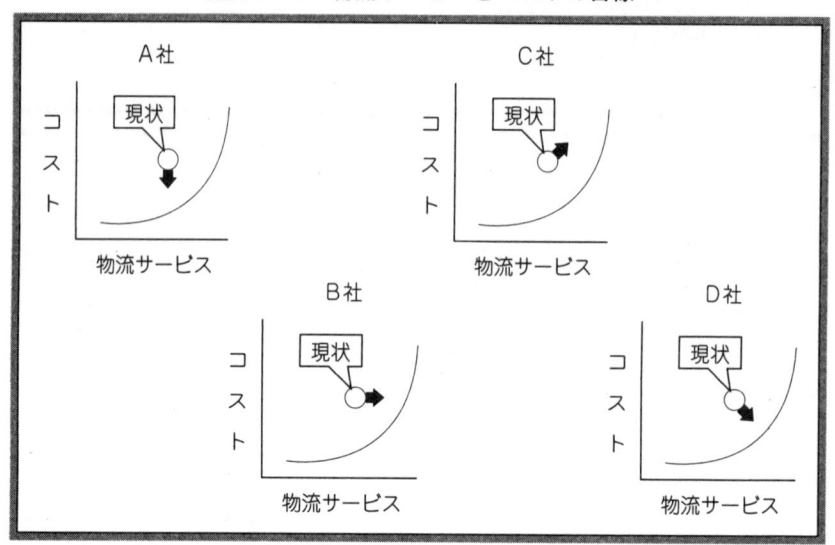

図表6-4　物流サービスとコストの目標

```
       A社                        C社
 コ  ┌─現状─┐              コ  ┌─現状─┐
 ス  │   ↓ │              ス  │   ↘ │
 ト                         ト
    物流サービス               物流サービス

       B社                        D社
 コ  ┌─現状─┐              コ  ┌─現状─┐
 ス  │   → │              ス  │   ↘ │
 ト                         ト
    物流サービス               物流サービス
```

　企業のロジスティクスサービスとコストの現状を把握することによって，今後，企業として顧客サービスとコストを，どういう目標を持って推進していくかをまず明確にする必要があると考える。

　先述したように，アメリカのアンダーセンコンサルティングのロジスティクス部門責任者のＷＣ.コパチーノはサービスとコストの戦略について，ロジスティクス戦略がめざす顧客サービスとコスト目標を確保することであると述べている。

　一般的に，サービスとコストとの間にはトレード・オフの関係がある。つまりサービスを上げればコストが上昇する関係にあり，コストとサービスとの間に収穫逓減の法則が働く世界である。図表6-4から，サービスとコスト目標について，A社はサービスを一定にしておいてコスト低減目標を設定，B社はサービスアップ目標を設定してもコストを増加させない，C社はサービスアップ目標をかかげ，コスト増加があってもやむを得ない，D社はサービスアップ目標を設定しコスト低減目標も設定するなど，会社がそれぞれどのようなサービスとコスト戦略をとるかの意思決定が必要となる（図表6-4）。

(2) セグメント（層別）化された顧客サービスパッケージをつくること

顧客サービスを決める場合，顧客の業種や業態などによって顧客のニーズを調査してパターン化してサービス要素や水準を決めることが重要なポイントだ。要は，顧客サービスの一律化を避けることである。

これをするには顧客が真に望んでいるサービス要素をハッキリさせることから始める。次にそのサービス要素の相対的な重要性を明確にし，顧客をサービスの選好などによってセグメント（層別）化する必要がある。

また，顧客サービスについては競争の優位性を確保することも大事だ。ロジスティクスサービス水準を決定するにあたっては，ライバル企業との差別化をどう実現するかが大事だ。それには，たえず競争相手の顧客サービスに関する情報を収集することが絶対に必要である。

顧客サービスパッケージのセグメント化の具体的手順は以下のとおりである。

第1ステップ　顧客が要求するサービス要素をハッキリさせる。

　　まず，顧客サービス要素にはどんなものがあるか，たとえば，受注，納品，注文管理，情報などについて顧客サービス要素をハッキリさせる。

第2ステップ　顧客サービス要素の相対的重要性を把握する。

　　顧客に対して，アンケート，インタビュー，懇談会などを通じて顧客サービス要素の重要性について情報を収集する。その場合，持ち点を与えて重要な顧客サービスをランクづけするのも1つの方法である。

第3ステップ　顧客サービス要素について顧客の満足度調査を行う。

　　顧客の満足度を調査し，分析する。

第4ステップ　顧客サービス要素について自社と競合他社のパフォーマンス比較を行う。

　　顧客サービスについて競合他社と比べてどうか調査分析する。自社とライバル企業の顧客ニーズの充足度の把握，いわゆるベンチマーキング分析を行う。

第5ステップ　顧客のサービスの選好によって顧客を層別する。

　　顧客ニーズにもとづいてセグメント（層別）化を行う。顧客の特性によっ

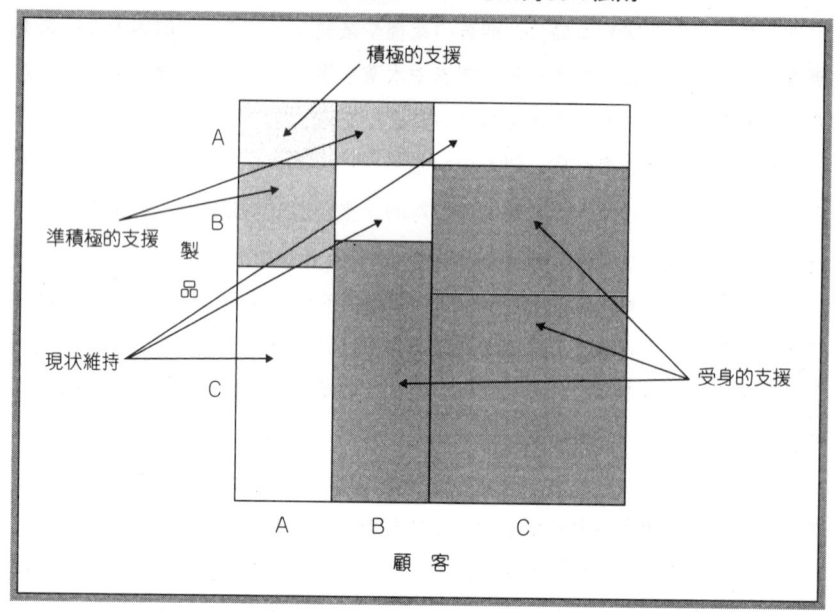

図表6－5　顧客サービスと20対80の法則

(出所) M. Christopher, Logistics and Supply Chain Management. FT Pitman, 1992.

て顧客ニーズはさまざまであり，どのような特性を基軸として顧客をパターン化するかが重要である。特性によるパターン化にあたってはコア（中核）サービスに影響を与える特性を見出す必要がある。

第6ステップ　それにもとづいて顧客サービスパッケージをつくる。

　　顧客パターン別の顧客サービスパッケージを決定する。まず，顧客の層別の顧客サービスの基本方針を設定する。この場合，自社にとって重要な顧客に対して重点的に経営資源を配分することが大事である。さらに，自社にとって重要な製品に対して重点的に資源を配分することが肝要である（図表6－5）。

以上について，各部門のマネジャーをまきこんだタスクホースは，調査方法を決定するようロジスティクスマネジャーと一緒になってその内容を検討する。タスクホースは調査手段，調査対象者，顧客と製品のグループの定義，質問等

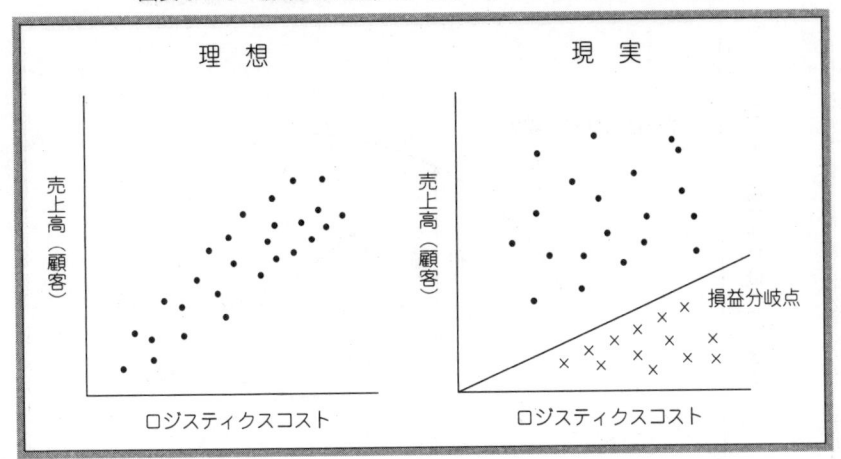

図表6－6　顧客とロジスティクスコストの不一致の例

（理想：売上高（顧客）とロジスティクスコストの散布図。現実：売上高（顧客）とロジスティクスコストの散布図に損益分岐点の直線が引かれ、その下に×印が分布している。）

のデザイン，調査結果をいかに分析するかという重要な問題について考えねばならない[10]。

(3) 顧客サービスの採算分析を行うこと

顧客サービス水準を設定するにあたっては採算分析を行うことが必要である。さらに，顧客サービス水準の変更にともなうコストがどうなるかなど分析することも忘れないことである。

一般的には図表6－6のように顧客サービスと売上げの関係が必ずしもうまくいっていない。したがって，顧客サービスについて経済原則を働かすことが肝要である。では顧客サービスパッケージにもとづいて各顧客の収益をどう捉えるか。

一般的な顧客サービスと収益の関係についてみると，顧客サービスを上げれば一般的には売上げが増大する。一方，コストも上がる。したがって，顧客サービスと収益の関係については，理論的には図表6－7のようになる。しかし，これを実際の数字に表わすことは大変な困難である。

なぜなら，顧客サービスにはマーケティングサービス，ロジスティクスにかかわるサービス，経営・情報サービスなどがあり，ロジスティクスに関する顧

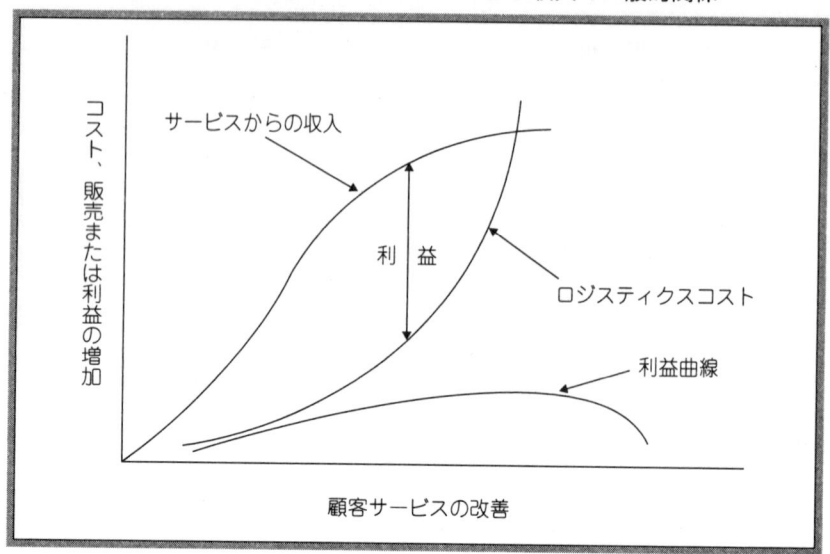

図表6-7　顧客サービスコストおよび収入の一般的関係

[図：縦軸「コスト、販売または利益の増加」、横軸「顧客サービスの改善」。曲線「サービスからの収入」「ロジスティクスコスト」「利益曲線」、および「利益」を示す矢印。]

（出所）　R. H. Ballou, Business Logistics Management. Prentice Hall, 1992.

客サービスだけを取り出して、それが収益にどう影響しているかということをハッキリさせることは難しい。つまり、顧客サービスの顧客に及ぼす効果をそれのみを分離独立して、測定しても意味がないと思う。マーケティングの4Pとその他に関係がある政策を統合すべきである。以上から、顧客サービスと収益の関係を示すことは大変困難と言わざるを得ない。

しかし、この難しい問題に取り組んでいるのが、M.クリストファーである。クリフトファーは次のような方法を提案している[11]。

コスト分析についてクリストファーは、ロジスティクスシステムのアウトプットをハッキリさせて、そのアウトプットを提供するのに必要なコストをハッキリさせることであると説明している。クリストファーの有益な考え方は、ミッションという考え方である。ミッションとは「特定な商品と市場枠内でシステムによって成就されるべき一連の顧客サービス目標」で、これは顧客サービスパッケージと考えてよい。

顧客サービスパッケージをミッションとして捉え、そのコストを計算するに

第6章　顧客サービス戦略　81

図表6－8　機能横断化物流ミッション

| ミッション \ 活動センター | 購買 | 生産 | 販売 | マーケティング | 輸送 | 他 |

（図：物流ミッションA、B、Cが各機能を横断する矢印で表現されている）

（出所）　M.Christopher, Logistics and Supply Chain Management. FT Pitman, 1992.

図表6－9　機能別物流ミッションコスト分析

活動センター\ミッション	機能エリア1	機能エリア2	機能エリア3	機能エリア4	トータルミッションコスト
ミッションA	100	90	20	80	290
ミッションB	50	70	200	20	340
ミッションC	70	30	50	70	220
機能別コスト	220	190	270	170	850

（出所）　M.Christopher, Logistics and Supply Chain Management. FT Pitman, 1992.

は次の2つの段階を経て行われる。

第1段階　活動センターを識別する。すなわち，ミッションごとに活動センターをハッキリさせる。社内的には購買，生産，物流，販売，社外的にはサプライヤー，メーカー，流通など横断的にコスト分析する（図表6－8）。

第2段階　増分原価（Incremental Cost）を測定する。すなわちミッションに要

する各活動センターの増分原価を算定する（図表6－9）。増分原価とは，ミッションを行うことによって増加するコストである。

このアプローチは，特別なミッションに関する活動センターが識別され，次に各々の活動センターに対する増分原価がそのミッションを行うことの結果として負担されることになる。

これは，各活動センターの増分原価が分離されなければならないということである。増分原価は，埋没原価（Sunk Costs そのミッションが捨てられても配賦されるべきコスト）を考慮しないことが重要なポイントである。

以上は次のようなステップを経て実施される[12]。

第1ステップ　セグメント（層別）化された顧客サービスを設定すること

　　顧客ニーズ調査にもとづいて顧客サービスをセグメント化する。

第2ステップ　顧客サービスによってコストの変化をもたらす要素を識別すること

　　製品組み合わせ，配送特性（小口化，多頻度，直送等），商品計画支援，特別なパッケージなど顧客サービスによってコストに直接，または，間接に影響を与える要素をハッキリさせる。

第3ステップ　セグメント化された顧客をサポートするために使用される特別な経営資源をハッキリさせること

　　この段階でＡＢＣ（Activity Based Costing 活動別原価計算）とミッション原価計算を一致させることが大事である。コストを生じさせる活動が明確化され，それにかかわる特別なコスト作用因が明確化される。コスト作用因として，注文上の製品数，関連する要員，在庫支援，配送頻度などがある。

第4ステップ　顧客タイプあるいはセグメントされた顧客ごとに活動原価を帰属させること

　　「回避可能性原価」の原則を使って増分原価を計算する。これは原価配賦ではなく原価帰属という考え方である。言い換えれば，セグメント化された顧客ごとにコストが適正に顧客に帰属されることである。

以上からミッション原価計算では伝統的な原価計算からＡＢＣの活用が不可

欠となる。

　今まで顧客サービスについていろいろみてきたが，最後に顧客サービスについて課題を提起しておく。

(1) 今後，顧客サービスから顧客との永続的な戦略的関係の確立（Customer Service to Relationship Management）が重要な課題になると思われる[13]。

(2) 顧客サービスというと外部の顧客へのサービスのみを考えがちであるが，これは問題である。社内の顧客（Internal Customer）へのサービスを怠らないよう留意すべきである。

(3) 顧客サービスは，顧客維持に重要な役割を持っているところから，失われた顧客について，その原因を徹底的に究明して次の顧客サービスにつなげる努力が必要である。

(4) 身近な顧客サービスをおろそかにしないことである。見えない顧客サービス（Intangible Customer Service），たとえば，顧客サービス姿勢（従業員の接し方，顧客の問題を自分のこととして考える，顧客の満足が得られなければ自分たちのビジネスはなりたたないことを肝に命ずること）が大切である[14]。

【注】

1) M. Christopher, Logistics and Supply Chain Management. FT Pitman, 1992, pp. 34〜35.
2) J. F. Robeson, & W. C. Copacino, The Logistics Handbook. Free Press, 1994, p. 77.
3) W. C. Copacino, Supply Chain Management. The St. Lucie Press, 1997, pp. 76〜77.
4) W. C. コパチーノ稿「顧客維持のバリュー」輸送経済新聞社「流通設計」，1997年12月号，pp. 58〜59。
5) J. J. Coyle, E. J. Bardi, C. J. Langley, Jr., The Management of Business Logistics (6 th Edition). West, 1996, p. 113.
6) 前出1に同じ，p. 27.
7) D. M. Lambert, & J. R. Stock, Strategic Logistics Management (3 rd Edition). IRWIN, 1993, p. 112.
8) 前出2に同じ，pp. 80〜83。

9) 前出3に同じ, pp.27〜29。
10) 前出3に同じ, pp.76〜77。
11) 前出1に同じ, pp.56〜59。
12) 前出1に同じ, p.78。
13) Michigan State University. 21st Century Logistics. CLM, 1999, p.177.
14) W.C.コパチーノ稿「目に見えない顧客サービス」輸送経済新聞社「流通設計」, 1997年8月号, pp.78〜79。

[第7章] ロジスティクスの中心的命題である生販物統合

　企業内サプライチェーン統合である生産（調達）と販売の要請をバランスさせて,「全体最適」を求める生販物統合こそロジスティクスの中心の命題であり,生販物統合をぬきにしたロジスティクスは考えられない。

　生販物統合は,生産（調達）,販売,物流などの業務について顧客サービス,つまり企業間競争の第一線である小売店頭に品揃えの保証,時間・配送の保証,品質の保証,情報の保証など利用可能性を保証することがすべての部門の最終目標になるよう,生産（調達）から販売に至るすべての物の効率的,効果的な供給システムを意味している。つまり,顧客を起点として,生産（調達）,販売,物流など物の横断的な全体的な供給システムである。

　この生販物統合は「生産（調達）と販売との統合」いわゆる生販物統合（狭義）と「生産（調達）と販売との調整」「販売と在庫との調整」など生販物調整とからなっている。「生産（調達）と販売との統合」は,生産（調達）や販売の計画段階で生産（調達）と販売を統合することである。

　一方,「生産（調達）と販売との調整」「販売と在庫との調整」は,販売情報や在庫情報など物流情報によって売れ行きが悪ければ,生産部門へ減産や生産中止,販売部門へ販売増の要請をすること,さらに地域的な販売格差があれば,在庫移動や販売要請をするなど販売と在庫との調整を行うことである。

　物流部門は,受注から出荷に至るまでの一連の流れをコントロールする

情報と，どのような製品が多く出荷されているか，在庫はどこにどのような物が多くあるかなど全体的な製品の動きに関する情報を持っている。この後者の販売情報，在庫情報，生産情報に関する情報こそ企業経営に役立つ情報といえる。これらの情報を使って，品切れ，在庫過剰，在庫偏在など「ムダ」を排除すればするほど利益が確保できる。

　このムダは，「物流のムダ」では「全体的なムダ」である。生販物統合は，生産（調達）と販売とのギャップを埋め，「全体的なムダ」を排除することであり，これは，つきつめれば限りなく在庫を少なくする生産・調達・販売方式であるといえる。

　本章ではロジスティクスの中心的命題である生販物統合戦略を中心に展開する。

1　同期化戦略

　まず，第1に，生産，販売，物流を結びつけて同期化することである。それには各部門の責任の明確化，制約条件の改善，情報の共有化が必要不可欠である。

　以下，それぞれについてみていく。

(1) 各部門の責任の明確化

　　調達・生産・物流・販売部門には，前に述べたようにそれぞれの論理がある。調達には低価格購入，大量購入という「調達の論理」がある。生産は，生産増，生産の合理化という「生産の論理」，販売には売上増，シェアアップという「販売の論理」，物流は，物流コスト削減という「物流の論理」がある。調達，生産，販売，物流が，それぞれの論理を，ふりかざして行動していては企業として成り立たない。

　　そこで，まずこの論理の壁を乗り越えて各部門を結びつけることが大切

である。次に生販物の責任分担をハッキリさせる必要がある。つまり，調達は必要以上購入したり，生産は目いっぱいつくったり，予定どおり生産できなかったり，また販売部門の販売指示や販売数量が中途半端であったり，販売計画の精度が低かったり，物流は在庫の把握がいいかげんで在庫の確保がキチッとしていないなどいろいろ問題点やあいまいさを探り出して，調達，生産，販売，物流の各部門の責任分担，すなわち，調達責任，生産責任，販売責任，在庫責任などを明確化することが生販物統合の第一歩である。

(2) 制約条件の改善

　各部門間の制約条件を改善することにより部門間の「物の動き」のそれぞれのプロセスの処理スピードを一致させるとともにそれぞれのプロセスのキャパシティー（処理能力）を一致させて同期化（Synchronization）することである。つまり各部門の制約条件（ボトルネック）をベースにしたプランニングをして制約を能力限界まで活用する。

　これを要するに，制約理論（Theory of Constraints）にもとづいて最適化計画をつくることが大切である。

(3) 情報の共有化

　各部門間の計画連動性の悪さ，計画変更の連絡頻度不足，「物の流れ」と「情報の流れ」の非同期化を改善することにより，計画情報の一元化，計画と実績とのギャップを把握できることや「物の流れ」と同期化した実績情報の共有化が大事である。

　要は同期化をはかるため最新の情報技術の運用によって「物の動き」に関する情報を各部門間で共有化して各部門の同期化をはかることである。

2　スピード化戦略

各部門を同期化したら，そのプロセスをいかにスピード化するかが次の課題である。

それにはロジスティクスリードタイムを短縮することとロジスティクスリードタイムギャップ（ロジスティクスリードタイム－受注リードタイム）を短縮することである（図表7－1）。

以下それぞれについてみていく。

(1) ロジスティクスリードタイムの短縮

① 生販物の意思決定のスピードアップをはかる。

　　a　生産と販売の異常や例外事項に対する伝達の速度，意思決定の速度，レスポンスの速度などを早めることが大事で，特に意思決定のスピードアップをはかることが重要なポイントである。

　　b　意思決定の速度を早めるため組織のフラット化の推進

　　　管理階層をできる限り少なくする。すなわち，これまで集権化や上位階層管理の方向で発展してきた組織を自律分散型でフラットにすることによって市場への対応の意思決定を早くすることである。

　　　いずれにしても，今後市場からの情報負荷が大きくなり，市場に迅速，的確に対応するため情報の共有化，統合化によって組織階層はフラットで自律分散型にしておく必要がある。

　　c　意思決定について階層レベルに応じた権限の明確化と権限の委譲

　　　意思決定を迅速，的確にするため，販売，生産の異常や例外事項に応じて，各階層レベルによる意思決定の権限を明確化するとともに権限をできる限り下位へと委譲することが重要なポイントである（図表7－2）。

　　d　意思決定のシミュレーション化

　　　販売，生産の特にやっかいな異常や例外事項に対してどう対応する

第7章 ロジスティクスの中心的命題である生販物統合 89

図表7－1　ロジスティクスリードタイムとリードタイムギャップ

```
                    現　状
          ┌──────┬──────┬──────┐
          │調　達│生　産│物　流│
          └──────┴──────┴──────┘
          ├─── ロジスティクスリードタイム ───┤
                        ├─ 受注リードタイム ─┤
          ├─── リードタイムギャップ ───┤

                        ↓

   ロジスティクスリードタイムとリードタイムギャップの短縮化
             ┌────┬────┬────┐
             │調　達│生　産│物　流│
             └────┴────┴────┘
             ├─ ロジスティクスリードタイム ─┤
                  ├──────┤
             ├──── ┤受注リードタイム
             リードタイムギャップ
```

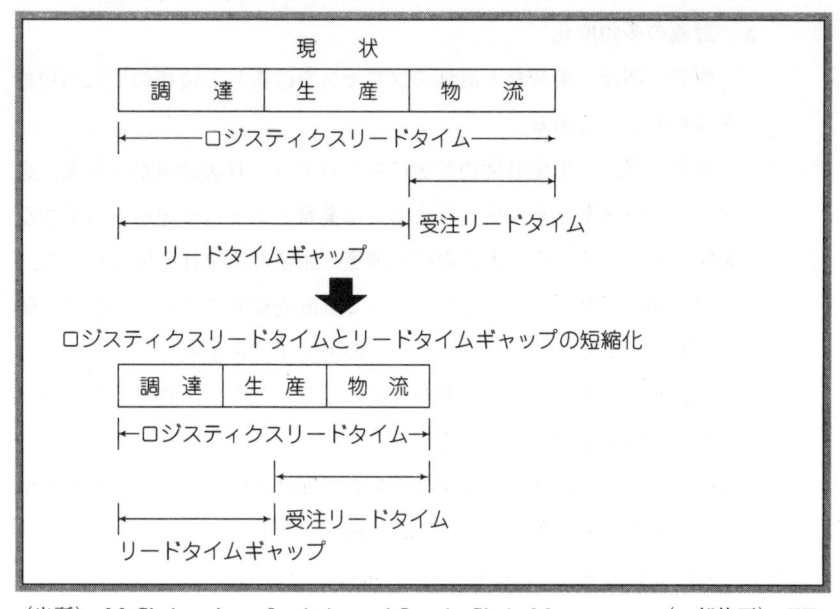

（出所）　M. Christopher, Logistics and Supply Chain Management（一部修正）. FT. Pitman, 1992.

図表7－2　意思決定の責任分析

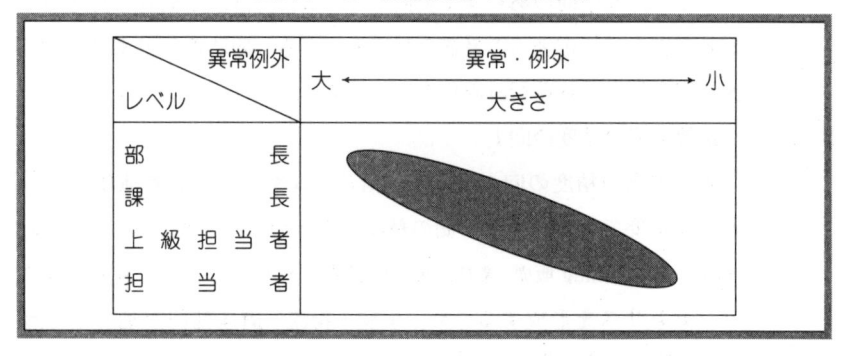

レベル＼異常例外	異常・例外 大きさ（大←→小）
部　　　　長	
課　　　　長	
上　級　担　当　者	
担　　当　　者	

か，前もってシミュレーションしておくことである。

　今後，調達，生産，販売，物流などへのリスクマネジメントの導入がますます必要になってくると思われる。

② 情報リードタイム要因を短縮する。
 a 計画の多頻度化

  販売，調達，生産など計画のプロセスを改善して情報の流れの短縮をはかることである。

  販売・調達・生産計画の策定にあたっては，月次計画から旬次，週次へと計画立案を多頻度に行うことは業務プロセスを短縮する重要な条件である。多くの企業は販売・調達・生産計画を月単位で行って，10日，20日で修正しているが，これでは販売動向に追いつかない。販売計画を月単位から旬単位にして旬の中で1回修正することによって販売動向に迅速，的確な対応が可能になるとともに，販売と生産のパイプを短縮することにもなる。

  極端に言えば，毎日，販売計画を立て毎日それにもとづいて生産するのが最も生産と販売のパイプを短縮した型と言える。

 b 同時並行計画化（Con-Current Planning）

  販売計画と実績とのギャップについて販売計画をつくり，それにもとづいて生産計画，物流計画，調達計画をつくる，いわゆる順次計画ではなく，部門間のあらゆる要因をとりこんで計画を同時に短時間で計画変更して，市場への最適な対応をはかる。同時並行ですべての計画決定を行う同時並行計画化を行う（図表7－3）。

 c 需要予測の精度の向上

  需要予測の精度の向上は，売り損じ，ムダな生産・在庫防止のため大変重要である。需要予測の精度の向上のためＳ＆ＯＰ（Sales & Operation Planning 販売・業務計画）が重要である。これは，需要予測のコンセンサスを形成するため，生産・物流・調達部門が加わって販売・業務計画を立案する。販売・マーケティング部門が需要創出に直結する情報を提供し，一方，生産・物流・調達部門は製品供給に関する情報を提供することによって需要予測の精度を向上させる[1]。

図表7－3　同時並行的な最適化計画立案機能

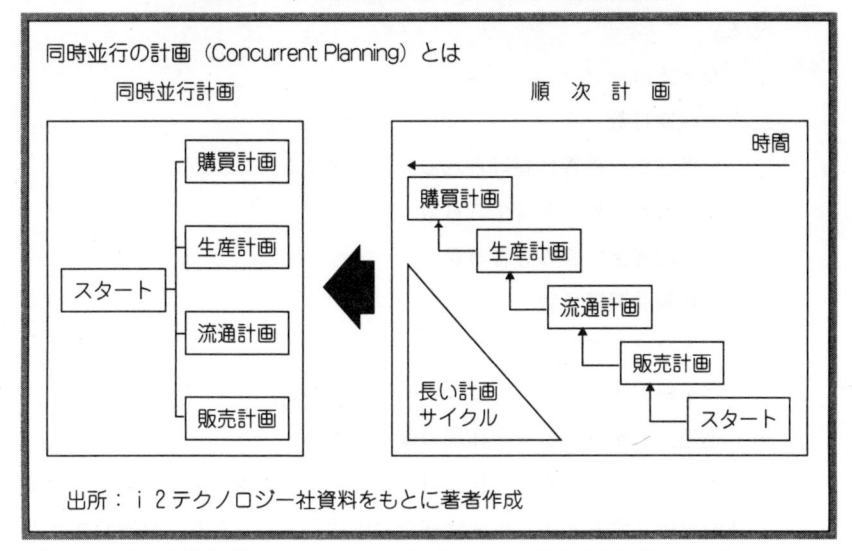

同時並行の計画（Concurrent Planning）とは

同時並行計画：スタート → 購買計画／生産計画／流通計画／販売計画

順次計画：時間の流れに沿って、販売計画（スタート）→ 流通計画 → 生産計画 → 購買計画（長い計画サイクル）

出所：ｉ２テクノロジー社資料をもとに著者作成

（出所）　藤野直明著「サプライチェーン経営入門」日本経済新聞社，1999年。

d　計画ツールの活用

各種計画ツール，たとえば，ＭＲＰ（原材料・資材所要量計画，原材料から製品に至るまでの資材，部品の流れをコンピュータで管理し，その所要量を設定，計画する方法）やＭＲＰⅡ（生産資源計画，設計，財務，生産，ロジスティクス，マーケティングといった企業におけるすべての機能の活動を計画し管理する全社的計画）やＤＲＰ（流通所要量計画，工場，物流センター，デポごとに安全在庫を切らさないように物流量を計画的に管理する方法）やＤＲＰⅡ（流通資源計画，倉庫スペース，人的資源，輸送能力などの流通システムの主要資源の計画を含めて，各段階で安全在庫を切らさないよう物流量を計画的に管理する）などを導入して，計画プロセスを強化して，情報の流れを短縮することが重要である。

③　「物の動き」のリードタイム要因を短縮する。

a　調達から販売までの「物の動き」の時間要因の削除

時間は大切な経営資源だ。無駄を排除して「物の動き」の総通過時

間(Lead Time, Throughput Time)をいかに短縮していくかが課題である。

たとえば,
- ・在庫日数
- ・受注から顧客に届けられるリードタイム
- ・材料が工程に滞留する日数
- ・計画変更できる許容日数
- ・新製品開発日数
- ・トラック滞留時間

などを短縮することが重要なポイントである。

b　迅速,的確な需給統合体制の確立

　　市場の変化,販売の変化に対してフレキシブルな生産・調達・物流体制を確立するかが,生販物統合の成功のカギである。販売計画と供給計画(生産,調達,物流)を統合し,また,販売に対して生産,調達,物流を迅速,的確にマッチさせる需給統合体制の確立も大変重要である。

c　効率的物流ネットワークの構築

　　顧客サービスを第一義にして物流拠点を市場重視型に変えていくことが大切である。物流拠点の集約と分散をどううまくかみあわせてやるかである。たとえば,自家倉庫か営業倉庫か,物流拠点の役割をどうするか,物流拠点のカバー率をどうするか,物流センターの階層をどうするか,センター数をどうするか,顧客の近くに置くか,遠くに置くか,また在庫配置方針をどうするかなど効率的な物流ネットワークを構築する。

d　重複業務の排除や業務の統廃合の推進

　　調達,生産,物流,販売など各部門間にはそれぞれ独自の活動領域が存在するとともに各部門と物流部門との間にはインターフェース活動が存在している(図表7－4)。

第7章 ロジスティクスの中心的命題である生販物統合

図表7−4 ロジスティクスのマーケティングと生産とのインターフェース

```
企業
┌─────────────────────────────────────────────────────────────┐
│                                                             │
│ 生産／オペレーションズ │インターフェース活動│ ロジスティクス │インターフェース活動│ マーケティング │
│  活動の例：         │ 製品スケジュール  │  活動の例：   │ 顧客サービスの標準 │  活動の例：   │
│  品質管理          │ 工場のロケーション │  輸 送       │ 価 格           │  販売促進    │
│  詳細な生産スケジュール│ 購 入           │  在庫保持    │ 包 装           │  マーケット・  │
│  設備の保全         │                 │  注文処理    │ 販売所のロケーション│  リサーチ    │
│  能力計画          │                 │  倉 庫       │                 │  製品ミックス │
│  ジョブ・デザイン    │                 │  マテリアル・ │                 │  販売力のマネジ│
│  仕事の測定と標準    │                 │  ハンドリング │                 │  メント      │
└─────────────────────────────────────────────────────────────┘
  ↗                                                     ↖
生産とロジスティクスの                          マーケティング
インターフェース                                とロジスティク
                                               スのインター
                                               フェース
```

（出所） R. H. Ballou, Business Logistics Management（2 nd Edition），Prentice Hall, 1992.

　このインターフェース活動というのは，1つの部門では効率的，効果的にマネジメントすることができない活動領域である。

　部門内の業務だけでなく，部門間のインターフェースの活動領域についてもこの業務は本当に必要か，部門間で重複していないか，部門間で連携の悪い業務はないかなど業務を徹底的に見直して，業務プロセスを短縮する。

e　ロットサイズの縮小

　生産や物流のロットサイズを小さくすれば，段取り替えが増え，生産や物流の生産性の低下をまねくので，柔軟な段取り替えを行うことによって，その低下をできる限り最小限にとどめてロットサイズを小さくする。これにより，仕掛品や在庫の削減が可能になる。

f　商品の統廃合と部品の共通化の推進

　商品アイテム数を全社的観点から，たえず見直して削減をはかることや部品の標準化，共有化，統廃合を推進して業務のプロセスの短縮

をはかることが大切である。

　　特に，商品数については全社的にたえず定期的に見直しをするとともに，ＰＯＳ情報や販売情報を商品開発部門へフィードバックする体制を確立すること，さらにはモデル数を確立させたり，モデル打切り基準をルール化するなどして，とにかく商品のアイテム数を増やさない工夫が重要なポイントである。

　　g　調達業務の効率化の推進

　　部門間，特に生産・物流部門との情報の共有，計画の多頻度化・同時並行計画化，サプライヤーの集約化，サプライヤーの距離的位置の考慮，購入量の最適化，調達リードタイムの短縮などを推進してコストを削減することが必要不可欠である。

④　業務のスピードと個人の能力をアップするための情報システムの構築
　　業務をスピードアップしたり，個人の業務能力のアップのために情報システムをどう構築するかである。

　　たとえば，カンや経験に頼っていた輸配送計画について配送計画システムを導入したり，また電話連絡によって貨物追跡していたものを車載端末によるトラック稼動管理システムを導入したり，さらに，倉庫内でのピッキングミスを少なくするためのデジタルピッキングシステムを導入して業務プロセスの短縮をはかることが大切である。

　　いずれにしても業務のスピードアップと個人の能力アップのために各種の情報システムを構築して業務プロセスの短縮をはかることである。

(2)　ロジスティクスリードタイムギャップを短縮する。

　　先に述べたように，ロジスティクスリードタイムと受注リードタイムの差をロジスティクスリードタイムギャップという。このロジスティクスリードタイムギャップは在庫によってまかなわれる。ロジスティクスリードタイムギャップは，市場の必要性を予測して需要に先立って在庫をつくる必要がある。すなわち，調達・生産リードタイムが長くなればなるほど販売計画について遠い先まで策定しなければならない。そうなるとブレも

図表7－5　主な注文対応形態

区　　分	設計	原材料調達	原材料受入	原材料加工	半製品受入	製品受入
受注設計生産	←					
受 注 生 産		←				
受注加工組立生産				←		
受注組立生産					実需発生点 ←	
見 込 生 産						←

大きくなり在庫を多くもたざるを得ない。たとえば，ロジスティクスリードタイムと受注リードタイムを同じにすれば在庫がいらない。

以上からできる限りロジスティクスリードタイムギャップを短縮するのがベターである[2]。

それには顧客の注文に応じて生産活動ができるよう，生産活動を先送りすることである。その方法として，注文を受ける時点をできる限り上流にもっていくことが重要なポイントである（図表7－5）。

【注】
1) J.L.Gattorna, Strategic Supply Chain Alignment. Gower, 1998, pp.131～133.
2) M.Christopher, Logistics and Supply Chain Management. FT Pitman, 1992, pp.145～146.

[第8章]

生販物統合への各部門の役割

　生販物統合（ロジスティクス）は，販売に対していかに最適な調達，生産，物流をするかということである。すなわち，市場での各商品の販売について販売計画を策定し，それにもとづいて，調達・生産・物流計画を策定する。さらに，各商品の販売状況を迅速，的確に把握して，生産・調達部門に情報を流して全体的に効率的な経営をめざすものである。

　それには，調達，生産，販売など各部門が，顧客サービスを第一義に調達・生産・物流・販売部門に至るすべての物の供給活動を効率的，効果的かつスピーディーに行う必要がある。このように生販物統合（ロジスティクス）は，企業の主要部門と密接な関連を持っている。しかし，調達・生産・物流・販売部門には，それぞれの論理がある。調達，生産，物流，販売の各部門がそれぞれの論理をふりかざして行動していては生販物統合は成り立たない。この論理を乗り越えて全社一丸となって各部門が生販物統合に対応することが肝要である。

　本章では生販物統合に対して各部門はどうあるべきかを検討する。

1　生販物統合とマーケティング部門

筆者にはマーケティングを抜きにしたロジスティクス（生販物統合）は考えられない。

前に述べたようにマーケティングとロジスティクスとの関係は大変密接である。

ここでは特に重要な販売予測に焦点をあててみる。

アンダーセンコンサルティングのロジスティクス部門責任者のW.C.コパチーノは，販売予測はロジスティクスの重要な要素で，低い在庫費用と顧客サービス改善に貢献する。すなわち，ロジスティクスパフォーマンスを高めると述べている[1]。

コパチーノは，健全な販売予測システムの留意すべき点として次の4点をあげている。

(1) 販売予測に対する責任はハッキリしているか
(2) 販売予測は主要部門によって綿密に策定され，さらに同意されているか
(3) 販売予測の範囲と期間はハッキリしているか
(4) 販売予測に統計的考慮と判断的考慮がよくミックスされているか

さらに，販売予測が陥る6つの落し穴とその対策を次のように述べている[2]。

(1) 財務的動因による予測に陥ること

　　財務的な目的でつくられた販売予測は，よく評価された販売そのものにもとづいていないで，むしろ保守的なものである。業務を適正にやるために実際の需要予測の評価が大事である。

(2) 販売予測の取りまとめがいないこと

　　販売予測をつくる時，その取りまとめる部署が必要である。また，関係部門から各種の情報を販売予測にインプットすることが必要である。さらに販売予測の管理とその追跡も大事である。

(3) 販売予測の分析サポートが十分でないこと

販売予測ソフトパッケージや分析ツールは大変重要であるが、それだけでは十分でない。それらにセールスの情報、市場の要素、競争相手の行動を加味するのは当然である。

(4) 販売予測方法を1つしか使用しないこと

販売予測の方法について唯一無比なものはない。各種の方法を使うことが絶対に必要である。

(5) 生販物会議を行わないこと

販売計画とその実行のため、販売、マーケティング、生産、ロジスティクス、調達などのマネジャーが集まって、計画の確認、コンセンサスを得ること、さらに、その見直しのために定期的に関係者が集まって、会議を開くことである。

(6) 予測エラーを追跡しないこと

生販物会議で販売予測エラーの評価と追跡を行うことである。これによって予測のバイアスを明確にできるし、精度向上にも役立つ。さらに、エラーの追跡は在庫レベルの決定にも寄与する。

筆者は、生販物統合をスムーズに行うには、マーケティング部門がたてる販売計画の精度の向上がどうしても必要であると考える。販売計画の精度の向上は難しいということで、手をこまねいていては生販物統合はうまくいかない。企業のマーケティング部門は、最大限、販売計画の精度の向上に努力すべきである。

なぜ、販売計画の精度の向上が必要か。まず、忘れてはならないことは、すべての生産・物流活動は、販売計画にもとづいて行われると言っても過言ではない。したがって、販売計画の精度が低いと計画どおりにいかず、品切れ、在庫過剰、在庫偏在等「経営のムダ」が発生する。

販売計画の精度が高ければ、計画どおり、生産・物流活動が行われるところから、

(1) 売り損じがないこと
(2) 必要な生産数量が決まり、それによって生産計画がたてられて、ムダな

生産をしなくてよいこと
　⑶　工場や物流センターでの在庫量が決まり，それによって在庫計画がたて
　　　られ，ムダな在庫を持たなくてよいこと
　⑷　安全在庫量が比較的少なくてすむこと
　⑸　全在庫量を削減することが可能になること
などである。

　では販売計画の精度を上げるにはどうしたらよいか。

　需要予測の方法には，主なものとして時系列分析，回帰分析，多変量解析などがあるが，需要予測の方法について，唯一無比なものはない。これらの方法について比較検討して，自社製品に最も適したものを探すしかない。つまり，過去の販売実績データを使って検証，シミュレーションして自社の製品に適した方法を試行錯誤を繰り返しながら見つけ出すしかない。

　筆者は，販売計画は，需要予測をベースにして，それに，販売の第一線の情報を反映させて策定するのがベターではないかと考える。

　つまり，実データを使って検証したりシミュレーションして，自社に適した方法を見つけ出して，需要予測する。この需要予測を基礎にして，販売の最前線の情報を反映させるのがよいと思う。その場合，たとえば，例外的な特売，季節商品，押し込み，キャンペーンやイベントによる大量販売や競争相手の新製品の導入などによって販売計画を調整することである。

　販売計画策定について留意すべき点は以下のとおりである。

　第1は，販売計画を月次，あるいは旬次ごとにたてる場合，できる限り，販売計画をローリングして多頻度に見直して販売計画の精度を上げるようにすることである。

　第2は，販売動向について，たとえば，メーカーの場合，メーカーから卸への出荷を考えがちだが，この場合は，卸へ製品をプッシュしただけで，販売動向を正確に反映しているとは言えない。それには，卸や小売の実販の情勢を加味することだ。要は，消費者に最も近いところの情報を使うことが大変重要である。

第3は，販売計画のコンセンサスを得るため，生産・物流・調達部門が加わって，各部門の情報を提供することによって販売計画の精度の向上につとめる必要がある。

第4は，販売計画策定にあたっては物流部門は，積極的にアプローチしタッチすべきである。なぜなら，物流部門は「物の動き」をよく見ているし，また，わかる立場にあるところから，販売計画策定にあたっては，物流部門がもっている過去，現在の出荷・在庫データなどによって販売部門から出される販売計画をチェックする必要がある。

第5は，販売計画に誤差が出たら，その販売計画をすみやかに変更することである。ただ，ここで留意すべきことはその販売計画の性格だ。販売計画を目標値と考えるのであれば売れ行きが落ちたからといって，すぐ販売計画を下方修正してしまうと，セールスのモラールに影響を与えるので問題である。したがって，その場合，販売計画とは別な形で，たとえば，販売計画について何割か割り引いたもので考えるのも1つの方法である。

2　生販物統合と生産部門

コパチーノは，生産との連携という視点を欠いたロジスティクスは考えられないと述べている。

また，ロジスティクスと生産との連携の目的は，コスト削減とROA（Return on Asset 総資産利益率）の向上，顧客サービスの向上と柔軟性の確保にあると述べている。

さらに，ロジスティクスと生産との連携によって大きな影響を与える領域として次の3つの領域をあげている[3]。

(1) 柔軟な生産
  ① 市場の生きた情報と製造とを結びつける。
  ② 生産準備工程の削減，セルラー生産（小人数で製品を完成まで組み上げる

方法），海外生産戦略の実施
(2) 倉庫の転換
　　組立て，最終梱包，包装，販売用ディスプレイの製作，元詰めなどの活動は生産を市場に近づける「先送り」の原則を推進して，コストサービスの優位性を確保する。
(3) 構造的提携
　① ロジスティクスと生産を構造的に提携させることによって，パフォーマンスの向上が期待できる。
　② 構造的提携による留意事項
　　a　製造規模の縮小，地域別生産が可能か
　　b　どの製品がどの設備で生産されるべきか，またすべての設備においてすべての製品を作るべきか
　　c　物流拠点がいくつ必要で，どこに配置すべきか
　　d　クロスドックや各機能の集約は可能か
　　e　物流拠点は工場接近型か，市場接近型か
　　f　工場直送比率を増加できるかなど

要は，生産との連携の最終目的は，サプライチェーンの最適化にあると指摘している。

このロジスティクスと生産との連携をうまくやるにはロジスティクスと製造プロセスとの同期化が大変重要である。

これについてコパチーノは次のように総括している[4]。

(1) 最終製品から顧客までというサプライチェーンの一部分にしかフォーカスをあてない改革には効果に限界がある。
(2) ロジスティクスと製造プロセスとの同期化は見過ごすことはできない。
(3) ロジスティクスと製造プロセスとの同期化によって顧客サービスの向上と在庫パフォーマンスを向上させる。
(4) 製造を同期化する能力がそなわっている。
　① 迅速な段取り替えと短いラインにより柔軟な製造能力を構築する。

≪例≫
   a　1つの製品について，ラインの操業を1回に数週間分ではなく，2～3日分の供給量のみを生産する。
② 単に製造の経済性だけでなくサプライチェーン全体の経済性を最適化するという視点で製造工程をスケジューリングする。
③ 複雑さを減らし，また全販売量だけでなく市場即応性やサービス，利益を最大化するために，積極的にＳＫＵ（Stock Keeping Unit　保管単位）を削減する。
④ 長期の経済性最大化を目標とした測定システムにより，月末・期末在庫負担を最小化する。
⑤ コスト目標と顧客サービス目標のバランスをとった生産能力計画の管理を行う。
≪例≫
   a　迅速なセットアップおよび段取り替え能力や高い生産力，より早いラインスピード，そして効果的な予防保全メンテナンスにより生産能力を高めること
   b　ピーク時に対応するために，契約工場との提携や内部の生産能力の増強により充分な生産能力を確保する
⑥ ローコスト生産よりもサプライチェーン最適化を評価するような制度を導入する。

　筆者は，生販物統合がうまくいくには，前に販売計画の精度の向上が大事だと述べたが，これには限界がある。したがって，販売計画の精度の向上も大事だがそれと同じように大切なことは，最適な生産方法と柔軟な生産体制の確立が重要なポイントであると考える。最適な生産方法については，需要面，供給面，製品面の特性から，受注生産・受注組立生産やプッシュシステムからプルシステムの生産方式など最適な生産方法をとることである（詳しくは，第12章参照）。
　柔軟な生産体制については，常に変化する販売状況に合わせて，生産を調整

できる能力がそなわっていることが重要なポイントである。要するに，フレキシブルな変化対応型の生産体制の確立が必要不可欠である。

　筆者は，フレキシブルな生産体制を確立するには次のことが大切であると考える。

(1) 稼働率から生産体制の柔軟性（フレキシブル）へ転換する。

　　最近，工場の評価基準が，労働生産性や生産の稼働率や製造原価などから市場への適応性に重点が移っていることに留意する必要がある。

　　いままで工場の評価基準には，製造原価を下げる，生産の稼働率を上げる，大量生産をするなど稼働率や効率至上主義であったように思う。もちろん，これらも大変大事なことだが，これ以上に大事なことは，

　① 増・減産へどう対応したか

　② 在庫水準はどうだったか（製品，仕掛品，原材料を含めて）

　③ 生産のアイテム数にどの程度対応したか

　④ 製造切り替えや段取り替えの時間をどう短縮したか

　⑤ 多能工化をどの程度進めたか

など市場にどう適応したかということが大変重要になってきている。

(2) 生産方式をプッシュシステムからプルシステムへシフトする。

　　顧客の欲しているものだけを顧客が必要とする時に生産する方向へ転換する必要がある。

(3) 大ロット生産から小ロットで柔軟に生産できる体制を確立する。

　　小ロットで柔軟な生産をするには，製造ロット切り替えや段取り替えなどの時間の短縮や，小ロット専用のラインの導入など小ロット生産を可能にする方法をいろいろ考える必要がある。次に製造のリードタイムを短縮する方法も考えておく必要がある。製造のリードタイムの短縮が難しいときは，たとえば，ビールは製造のリードタイムが2カ月位かかるので貯蔵タンクに半製品の形で持つことも1つの方法である。

(4) 生産計画の変更をスピーディーに行う体制を確立する。

　　日々の販売状況をスピーディーに生産計画策定部門にフィードバックす

ることはもちろんだが，それにもとづいて生産計画をスピーディーに変更できる組織体制を確立しておくことが重要なポイントだ。たとえば，販売計画のブレが30％出ればすぐに生産・販売・物流部門が，生販物会議を開いてその対応を考えることや，意思決定のルール化をしておくとか，さらには権限の委譲などをすることによって迅速に対応できる体制をつくっておきたい。

(5) 増産の瞬発力を養成しておく。

　生販物統合がうまくいくには市場の変化に柔軟に対応できる生産体制を確立することができるかどうかが成功のキーポイントだ。特に，生産部門は，いま売れている製品に対して増産の瞬発力をどう発揮するかが最大の課題であると思われる。

3　生販物統合と調達部門

　調達はロジスティクスと密接な関連を持っている。

　しかるに，わが国では，メーカーは調達とロジスティクスとの関係の重要性をあまり認識してこなかった。

　そのため調達部門はえてして必要以上の原料や資材を持ちたがること，また，極端に少なすぎること，また，原材料，資材の購入量について生産，販売に応じて購入するのではなく勝手に調達部門で決めてしまうという問題がある。

　わが国ではなぜ，ロジスティクスと調達との関連の重要性が認識されなかったか。

　その大きな理由は，わが国では，まず第1に，調達部門のロジスティクスへの認識不足がある。第2に，調達部門はあまりにも「調達の論理」にしがみついてきたことである。第3に，調達物流は相手の販売物流ということであまり関心がなかったことなどがあげられる。

　今後，メーカー（卸・小売）は販売の方ばかりでなく調達にもっと目をむける

必要がある。

　以下，生販物統合への調達部門への留意事項をかかげておく。
(1) 部門間で情報の共有化を進めること
　　部門間で，特に生産・物流部門と計画や実績情報を共有して生産コストや「物の動き」にかかるコストを削減することが肝要である。
(2) 調達計画について販売・生産計画との連動はもちろんのこと，同時並行計画化さらには販売，生産の状況に応じて計画を月次から旬次・日次へと多頻度に行うこと
(3) サプライヤーを集約すること
　　これは，より優良なサプライヤーに移して，スケールメリットをねらうものである。
　　この場合，サプライヤーの地理的位置，不測の事態が起こった場合支障がないようにすること，バーゲニングパワーの問題など総合的に判断して可能な限りサプライヤーを集約する。
(4) 購入にあたってはサプライヤーの距離的位置を考慮すること
(5) 極端なまとめ買いや極端にまとめて納入しないこと
(6) 調達のリードタイムを短縮化すること
　いずれにしても，メーカーは今後もっと調達の重要性に目をむけ，その改善に取り組む必要がある。

4　生販物統合と製品開発設計部門

　製品開発設計機能とロジスティクスとの関係についてみると，製品開発設計部門はただ沢山商品を開発すればよいという考えを改める必要がある。新製品導入にあたっては，物流上の配慮や，既存製品への動きの考慮，さらにはキャンペーンなどによって必要以上の出荷活動を生まないように配慮したい。また，定期的にアイテムの整理をすることも大変大事なことである。

以下，生販物統合への製品開発設計部門への留意事項をかかげておく。
(1) 製品設計について運びやすさや扱いやすさを考慮すること
(2) 多品種化について歯止めを考えること
(3) 定期的にアイテムの整理を行うこと
(4) 新製品導入にあたっては既存製品の動きを考慮して阻害要因にならないよう注意すること
(5) 新製品の販促企画について必要以上に大きな出荷活動を生まないようにすること

などである。

5 生販物統合と物流部門

　今まで生販物統合にむけて，各部門がどうあるべきかをみてきたが，最後に物流部門自身どうあるべきかを考える。

　物流部門にとって在庫管理は物流活動そのものと言ってよいと思う。物流部門はこの認識が欠如していないか反省する必要がある。会社全体の在庫がよくつかめていないところがあるが，これでは話にならない。物流部門は在庫管理への責任をハッキリさせておくべきである。たとえば，適正在庫水準の決定，在庫数量が全社的にわかるようにしておく，在庫過剰や在庫偏在への対応，在庫の置き方や配分，不足分在庫への処理などをキチッと決めておく必要がある。さらに，販売・在庫情報の生産部門へのフィードバックはもちろんのこと，販売の大幅な変化に対して，調達・生産・販売部門と速やかに協議してその対応を考える必要がある。また，物流部門は調達物流に全く関心がないという問題がある。これは，わが国では，従来からサプライヤーが車を仕立てて物を供給する習慣があったため，調達物流は相手の販売物流と考えていたことが大きな原因である。当然のこととして調達する原材料，資材の品代には輸送費が含まれており，運賃がハッキリつかめないという欠点があった。物流部門はもっと

調達物流に目をむけるべきである。

以下生販物統合への物流部門の留意事項をかかげておく。
 (1) 在庫を必要以上に持たない（適正在庫水準の決定）こと
 (2) 在庫の全体が単品・ＳＫＵ（保管単位）レベルで把握できるようにすること
 (3) 在庫拠点の集約化を進めること
 (4) 在庫責任を明確にすること
 (5) 在庫偏在があれば速やかに在庫移動すること
 (6) 不動在庫については，営業・開発部門へ定期的にフィードバックすること
 (7) 販売計画策定会議に積極的に参加すること
 (8) 販売情報を速やかにキャッチして生産部門へフィードバックすること
 (9) 販売状況に応じて速やかに減産，増産，販売増，在庫移動の処置をとること
 (10) 販売計画と販売状況との大幅なギャップがでたら至急生販物会議を開催して対策を協議すること

などである。

要は，物流部門が単品，ＳＫＵレベルで，出荷，在庫，品切れなどの情報を素早く適切に把握することができること，次にこれを把握したらタイミングよくその情報を関係部門へフィードバックして迅速，的確な需給統合を行うことである。

【注】
1） W.C.Copacino, Supply Chain Management. The St.Lucie Press, 1997, p.96.
2） 前出1に同じ，pp.96～99。
3） W.C.コパチーノ稿「ロジスティクスと生産を連携させよ」輸送経済新聞社「流通設計」1997年6月，pp.147～148。
4） W.C.コパチーノ稿「製造プロセスを同期化せよ」輸送経済新聞社「流通設計」1997年7月，pp.66～67。

[第9章]

サプライチェーンマネジメント

　アメリカでは1960年代に物的流通（販売物流）と調達物流が個別に機能管理されていたが，1970年代から80年代にかけてこれらを統合するロジスティクスへと進展した。つまり，この時代は，企業内の「物の動き」の統合をめざした企業内サプライチェーン統合（Internal Supply Chain Integration）であった。これこそまさにロジスティクスのルネッサンスである。

　1980年代から90年代に入って，この「物の動き」の統合が，さらに，社外の取引先を含めた企業間サプライチェーン統合（External Supply Chain Integration）へと拡大する。

　これは，「物の動き」が企業内にとどまらずエンドユーザーのニーズを基本とするサプライヤー，メーカー，流通業者等の異なった企業間のパートナーシップにもとづく統合である。

　まさに，この時代は，企業間サプライチェーン統合の時代である。

　この企業間サプライチェーン統合こそサプライチェーンマネジメント（供給連鎖管理）である。

　そこで，本章では，サプライチェーンマネジメントとは何か，さらにロジスティクスとの違いについて検討する。

1　サプライチェーンマネジメントの出現の背景

アメリカでは1980年代から90年代にサプライチェーンマネジメントが発展してきたと述べたが，これが生まれた背景についてみると次のとおりである。
(1) 世界的な大競争時代を迎えてサービスとコストの競争の激化から競争の優位性を確保するため企業の枠を越えた統合管理が必要になったこと
(2) グローバル化の進展によって，調達，生産，物流，販売などのグローバルオペレーション体制の確立が必要になったこと
(3) 企業はコアコンピタンス（競争力の源）に特化することによって競争の優位性を確保する必要がでてきたこと
(4) 製品や価格の差別化が困難になってきているところから，「物の動き」の差別化の必要がでてきたこと
(5) ビジネスプロセス全体の効率化のため，パートナーシップや戦略的提携によって企業間の連携が必要になったこと
(6) 情報・通信技術の進展によって企業間の統合が可能になったこと
などがあげられる。

これを要するに，サプライチェーンマネジメントが生まれてきた背景は，サプライチェーンマネジメントアプローチは，今日では価値の高い競争的戦略に対する必要性に由来するものであり，その戦略とは企業の資産をテコとして顧客目標をより十分に達成しようとするためである[1]。

2　サプライチェーンマネジメントの定義

サプライチェーンマネジメントとは何か。これについていろいろな視点から定義が試みられている。

1つは，L.M.エルラムは，サプライチェーンマネジメントをマネジメント手法と捉えて「サプライヤーからエンドユーザーまで流通チャネルを通して物の流れを計画し，コントロールする統合されたマネジメントアプローチ(An integrated management approach for planning and controlling the flow of materials from suppliers through the distribution channel to the end user.)」と述べている[2]。

一方，M.C.クーパーは，「サプライチェーンマネジメントは顧客の満足を得るため，原材料の供給から最終ユーザーまでの物の動きのすべてのステップが計画され管理されるよう，各チャネル間にある企業，行政，地域の壁を乗り越えることに焦点をあてること (A boundary-spanning channel focus where "all the steps of a product's movement, regardless of corporate, political, or geographical boundaries, from raw material supply through final delivery to ultimate user to satisfy a paticular customer group" are planned and supervised)」とチャネルマネジメント概念（Philosophy）にその本質を求めている[3]。

さらに，D.J.バワーソックスらは「サプライチェーンマネジメントは，市場機会の共有を成就するため組織を越えたビジネス業務を結ぶ協働をベースにした戦略 (SCM can be defined as a collaborative strategy to link interorganizational business operations to achieve a shared market oppotunity)」とサプライチェーンマネジメントを経営戦略として捉えている[4]。

筆者は，サプライチェーンマネジメントはサプライヤーからエンドユーザーまでのビジネスプロセスにおける全社的な物，情報，金などの流れを統合的に管理することであり，企業内サプライチェーン統合が社内の「物の動き」の「全体最適」を求めるものであるのに対して，サプライチェーンマネジメントはサプライヤーからエンドユーザーに至るまでの各チャネル全体の「物の動き」の「全体最適」を求める経営戦略であると考える。

3 サプライチェーンマネジメントの特徴

ここでサプライチェーンマネジメントの特徴について伝統的なマネジメントと比較して考えてみる。

これについてエルラムとクーパーは図表9-1のように示している[5]。

図表9-1 伝統型とサプライチェーンとの対比

要素	伝統型	サプライチェーン
在庫管理	自社中心	チャネル全体の在庫を調整
在庫の流れ	とぎれる	つぎ目がない／見える
コスト	自社のコスト最小	チャネル全体のコスト
情報	自社でコントロール	共有化
リスク	自社が焦点	共有化
計画	自社主導	サプライチェーンチームでアプローチ
組織間の関係	自社のコスト削減に焦点	チャネル全体のコスト削減に焦点をあてるパートナーシップ

（出所）J.J.Coyle, E.J.Bardi, C.J.Langley Jr., The Management of Business Logistics. West, 1996.

筆者は、サプライチェーンマネジメントの特徴について次のように考える。

第1は、統合アプローチ指向であること

従来は各種セグメントごとに責任を分割していたのに対して、サプライチェーンマネジメントは各チャネルを1つの統一体（A Single Entity）として捉えることである。

第2は、エンドユーザーサービス指向であること

今まで1段階下流の顧客の利益や効率性を重視していたのに対して最下流のエンドユーザーの利益を最大化するものである。

第3は、プロセス指向であること

企業の枠内での改善に対して，企業の枠に捉われない改善をめざしている。また，部門間やチャネル間の力関係で意思決定されていたのに対して顧客価値創造（顧客満足）を第一義に意思決定することである。

第4は，「トータル物流コスト最小」指向であること

部門やチャネル中心の「トータル物流コスト最小」ではなくチャネル全体のトータル物流コスト最小の追求をめざしていることである。

第5は，キャッシュフローの効率化志向であること

資源制約に直面し，資本を有効活用する必要から，資金や資産の効率化をめざしていることである。

第6は，ブレークスルー指向であること

QC的発想による改善ではなく，変革や改革の期待水準を決めて抜本的な改革，革新をめざしている。

第7は，パートナーシップ関係を重視すること

一方がよいと一方が悪いという企業と企業のゼロサムの関係から双方が平等の立場で各々の長所を生かし，協力・協調関係を築く。つまり，相互利益(Win-Win）の関係をめざしていることである。

第8は，情報・通信技術を活用すること

サプライチェーンマネジメントでは，情報・通信技術を業務改革の推進力として活用している。

などである。

これを要するに，企業間の壁を越えてサプライチェーンを一つの統一体として捉えて「全体最適」化をめざす統合概念にその本質がある。

4　サプライチェーンマネジメントの目的

サプライチェーンマネジメントの目的は何か。

サプライチェーンマネジメントの目的について，クーパーとエルラムは，次

のように総括している[6]。

(1) ムダや非付加価値活動をなくす。
　① マテリアルハンドリングを少なくする。
　② 原材料と完成品の過剰在庫を削減する。
(2) 顧客サービスと対応を高める。
(3) サプライチェーン間のコミュニケーションを改善する。
　① 情報の流れのスピードとタイムリーを高める。
　② 情報の流れの正確さを高める。
　③ 情報の共有化をさらに進める。
(4) サイクルタイムを短縮する。
　① 新製品開発期間を短縮する。
　② 受注リードタイムを短縮する。
(5) チャネル間の関係を改善する。
　① 継続的にチャネル改善を進める。
　② 目標の理解を進める。

以上，クーパーとエルラムのサプライチェーンマネジメントの目的についてみてきたが，筆者は，サプライチェーンの目的の本質は，ビジネスネットワーク（連結）の経済性にあると考える。ネットワークの経済性について，宮沢健一・一橋大学名誉教授は，組織外の「外部資源」と共同し，分散する要素を結びつけ，成果を上げるのが組織間連結のネットワーク活動であると述べている[7]。

要は，ビジネスネットワークの経済性は，特定のコアコンピタンス（競争力の源）に特化をめざして企業が各自の弱味を補強するため，ビジネスネットワークを統合することによってリードタイムの短縮，顧客サービスの向上，コスト削減，売上増大，利益拡大，キャッシュフローのスピード化，資産効率の向上などによって競争の優位性を確保することにあると考える。

5　サプライチェーンマネジメントとロジスティクスとの違い

　サプライチェーンマネジメントについていろいろな角度からみてきたが，ここでサプライチェーンマネジメントとロジスティクスとはどう違うかみておきたい。

　ロジスティクスについてＣＬＭ（Council of Logistics Management 全米ロジスティクス管理協議会）は，1998年にその定義を図表9－2のように変更している。

　この新しい定義について，阿保栄司元早稲田大学教授は「ＣＬＭは，ロジスティクスは，サプライチェーンプロセスの一部であって，顧客の必要条件に適合するように産出地点から消費地点に至るまでの財貨とサービス及び関連する情報のフローとストックを効率的かつ効果的にするよう計画策定，実施，統制するものである」とロジスティクスをサプライチェーンマネジメントの一部として定義しなおしたものだとしている[8]。

　筆者は，阿保元早大教授のロジスティクスはサプライチェーンマネジメントの一部という考え方にくみすることはできない。

　なぜならロジスティクスはサプライチェーンマネジメントの一部というとロジスティクスの役割があまりにも過少に感ぜられるからである。これについてミシガン州立大学のＤ．Ｊ．バワーソックス教授，Ｄ．Ｊ．クロス教授，Ｔ．Ｐ．スタンク助教授らは図表9－3から

　サプライチェーンマネジメントのビジネスプロセスとして

(1)　製品，サービスの価値の流れ（Product-Service Value Flow）

(2)　市場への特別対応の流れ（Market Accommodation Flow）

(3)　情報の流れ（Information Flow）

(4)　金の流れ（Cash Flow）

をあげている。

　それぞれの流れについてみると，(1)には，製品の他に，返品や廃棄物を含め

図表9-2　CLMのロジスティクスの定義の変遷

1. 1992年
　　Logistics is the process of planning, implementing and controlling the efficient, cost-effective flow and storage of goods, service and related intormation from point-of-origin to point-of-consumption for the purpose of conforming to customer requirements.
　　（ロジスティクスとは，顧客の必要要件に対応するため，物，サービスとそれに関連する情報を産出地点から消費地点まで，フローと保管を効率的かつ最大の費用効果において計画，実行，統制するプロセスである。）
2. 1998年
　　Logistics is that part of the supply chain process that plans, implements and controls the efficient, effective flow and storage of goods, services and related information from the point of origin to the point of consumption in order to meet customer's requirements.
　　（ロジスティクスとは，顧客の要求に適合することを目的として，物，サービスとそれに関連する情報の産出地点から消費地点に至るまで，フローと保管を効率的，効果的に計画，実行，統制するサプライチェーンプロセス部分である。）

ていること，(2)は，製品の再生利用など販売後のサービス管理と，POS情報や客先仕様情報などサプライチェーン計画をうまく実施するための販売や生産の情報をあげていること，(3)には，受注，出荷，配送在庫などの他に，需要予測や販売促進計画の情報などを含めていること，(4)には，売上金の他に，販売促進費やリベートを含めていることなどから[9]，サプライチェーンにマーケティングや再利用，リサイクルにかかわる事項を取り込んでいることがわかる。

そして，バワーソックス教授らは，ロジスティクスは，サプライチェーンの本質的な部分を占めていること，サプライチェーンマネジメントはロジスティクスより広い戦略であること，ロジスティクスはサプライチェーンマネジメントと同義語でないことなどを述べている[10]。これらから，サプライチェーンマネジメントとロジスティクスの相違は必ずしも明確ではないが，バワーソックス教授らは，ロジスティクスについて物の還流を含めた「物やサービスの流れ」とそれにかかわる「情報の流れ」の部分を考えていると推察される。

図表9-3　サプライチェーンフロー

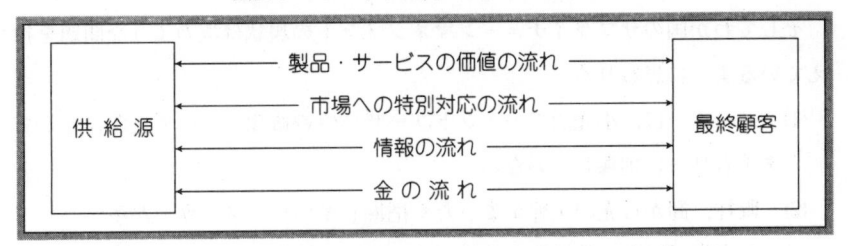

```
┌─────────┐  ←── 製品・サービスの価値の流れ ──→  ┌─────────┐
│         │  ←── 市場への特別対応の流れ ────→  │         │
│ 供 給 源 │  ←──── 情報の流れ ──────────→  │ 最終顧客 │
│         │  ←──── 金 の 流 れ ──────────→  │         │
└─────────┘                                  └─────────┘
```

(出所)　Michigan State University. 21st Century Logistics. CLM, 1999.

　筆者は,「物, サービス, 情報, 金の流れ」について, マーケティングにかかわる事項はデマンドチェーンに含めるべきであると考える。

　そして, 広い意味のサプライチェーンマネジメントのビジネスプロセスは, 供給および回収にかかわる「物, サービスの流れ」「情報の流れ」「金の流れ」があり, ロジスティクスは, この中の「物, サービスの流れ」「情報の流れ」を対象として, サプライチェーンプロセスの重要な部分を占めていると考える。

　したがってサプライチェーンマネジメントはロジスティクスに金の管理が加えられた経営戦略と考えてもよい。

6　わが国のサプライチェーンマネジメントの現状と課題

　わが国のサプライチェーンマネジメントの現状と課題をみる前に, わが国のサプライチェーンマネジメントの特徴をアメリカとの比較で考えてみる。

　わが国のサプライチェーンマネジメントは, アメリカと比較すると,

(1)　サプライチェーンマネジメントに対して戦略認識が低いこと
(2)　長期的提携重視の考えがないこと
(3)　オープンな相互利益 (Win-Win) の関係がないこと
(4)　サプライチェーンの効率化のための理論やツールに弱いこと
(5)　先進的なIT (Information Technology) の活用に弱いこと

などである。

そしてわが国のサプライチェーンマネジメントの現状は次のような問題を抱えているように思われる。

(1) メーカーは，小売店でのエンドユーザーへの販売について正確にしかもタイムリーに把握していない。

(2) 販社，卸から先の実態をまったく把握していないメーカーが多い。

(3) 小売店ではＰＯＳ情報を上流のメーカー，素材メーカーにフィードバックしていない。

(4) サプライチェーン間のコミュニケーションが悪い。特に，各企業の最高責任者のお互いのビジネスの理解がなされていない。

(5) サプライチェーン間の情報が共有されていない。たとえば，ＰＯＳ情報の提供により，メーカー側の製品開発や調達・生産計画づくりへの支援がなされていない。

(6) 最終顧客のニーズにもとづいて業務全体が構築されていない。したがって，ＰＯＳ，ＥＤＩが導入されていない。

(7) サプライチェーン間で各種の短期計画が共有されていない。ましてや，中長期計画についてサプライチェーン間での共有にはほど遠い。

(8) 優秀なサプライヤーとのパートナーシップが組まれていない。

(9) 各サプライチェーンの在庫がどう配置され，どの程度存在しているかほとんどつかめていない。

(10) サプライチェーン間で共同物流，共同配送が行われていない。

(11) サプライチェーン間で業務の効率化に取り組んでいない。

(12) 顧客企業へ人を派遣して顧客企業の持っている流通・物流問題解決への支援がなされていない。

(13) パートナー関係にある会社間において成果を測定する尺度が導入されていない。また，パートナーの責任を果たす方法について取り決めがなされていない。

(14) 年間仕入計画，年間購買計画など中長期的な計画量が共有されていない

ため，在庫負担などリスクが回避されていない。
⒂ サプライチェーン間をスムーズに結びつけるような顧客サービス水準が設定されていない。

これを要するにチャネル間で統合が十分行われていないことと言える。

7 統合化の方法

では，サプライチェーン統合を進めるにはどうしたらよいか。

筆者は，サプライチェーン統合について，以下のように考える。

第1は，各チャネルの機能分担を明確にすることである。

サプライチェーンマネジメントの目的は，エンドユーザーを起点とした各チャネルの横断的な物の効率的，効果的な供給システムを構築することである。この目的を達成するには各チャネルが各自の役割を明確にして，協力し，協調する必要がある。また，チャネル間での業務の統廃合や重複業務を排除することも重要であることはまちがいない。

第2は，各チャネルの責任を明確化することである。

各チャネルには，たとえば，サプライヤーには「サプライヤーの論理」，メーカーには「メーカーの論理」，流通には「流通の論理」が存在する（図表9－4）。各チャネルが，これらの論理をふりかざして行動していてはチャネル全体として成り立たない。

まず，これらの論理を乗り越えてサプライチェーンマネジメントの目的に従って各チャネルを結んで同期化することが肝要である。そのためには各チャネルの責任分担つまり，販売責任，需給統合責任，生産責任，供給責任を明確にする必要がある。

第3は，各チャネルで計画の同期化，同時並行計画化を進めることである。

各チャネル間における計画の連動が悪く，このため計画が同時並行化されていない。また，「物の流れ」と「情報の流れ」の非同期化のためサプライチェー

図表9-4　各サプライチェーンの論理

サプライチェーン	論理	内容例	問題点
1. 小売業	販売増	多めの販売見込み	返品の発生 例外的販促費の発生 廃棄コストの発生
2. 卸売業	在庫低減	納入のリードタイムが短い	生産や供給への変動の増幅によりロスの発生
3. メーカー	安定生産 品質確保	生産のリードタイムが長い 計画変更を最小限	高い在庫レベルの発生 （流通，物流拠点）
4. サプライヤー	安定供給 品質確保	供給のリードタイムが長い 計画変更を最小限	高い在庫レベルの発生 （メーカー，物流拠点）
5. 物流事業者	物流効率化	トラックが満載になるまで待つ	高い在庫レベルの発生 （流通）

ン全体の効率に悪影響を与えている。そのため各チャネルの計画の同期化や同時並行計画化を進める必要がある。

　また，各チャネルが市場変化に対して迅速に計画変更を行うことができないため，多くのムダが発生している。そういう点で各チャネルは市場と連動した計画づくりのため，計画の多頻度策定に取り組むとともに，計画変更に対する迅速，的確な対応を行う体制を確立する必要がある。

　第4は，各チャネル間で各種情報を共有化することである。

　わが国では情報の非公開がサプライチェーンマネジメント目的達成のネックになっている。

　つまり各チャネル間における各種情報不足，情報伝達の遅れによって，サプライチェーン全体の効率が悪くなっている。それには各種計画情報，計画と実績のギャップ，「物の流れ」と同期化した実績情報などの共有化がどうしても必要である。

　また，情報の公開・共有，計画の共有などを通じて積極的にパートナーにメリットを提供することが重要なポイントである（図表9-5）。特にわが国の企

図表9-5　サプライチェーンパートナーとの協調関係の例

サプライチェーン	協調例
サプライヤー ←→ メーカー	・情報の公開 ・年間購入量の保証 ・商品の共同開発など
メーカー ←→ 卸売業	・情報の公開 ・在庫負担の肩代り ・在庫の自動補充 ・年間販売量の保証など
卸売業 ←→ 小売業	・情報の公開 ・在庫負担の肩代り ・在庫の自動補充 ・年間販売量の保証 ・製品の共同開発など
サプライヤー メーカー 卸売業 小売業 ←→ 物流事業者	・情報の公開 ・大口確定受注の事前連絡 ・輸送量の平準化 ・年間輸送量の保証 ・キャンペーン計画の連絡など

業の場合，販売・出荷・在庫情報等の非公開がサプライチェーン上のボトルネックになっていることに留意する必要がある。

　第5は，各チャネル間で在庫危険負担の共有化を進めることである。

　サプライチェーンマネジメントの目的を達成するため物流ネットワークをどう構築するか，また，どのチャネルのストックポイントに在庫を配置したらよいか検討する必要がある。特に在庫危険負担の見直しがサプライチェーン間のボトルネック解消に大きく貢献することに留意すべきである。たとえば，部品メーカーのJIT納入におけるアセンブリー側の在庫削減優先や納入部品，資材の量の決定のリードタイムが長いことなど両者間の在庫危険負担のリスクが適正化されていない問題などがある。これらについては，サプライヤーに，ある期間の最適購入数量の提示とか，納入量確定のリードタイムを短縮するなどしてお互いにリスクを分担する必要である。

第6は，各チャネル間で製品の統廃合を進めることである。

サプライチェーンプロセスを効率化するため，商品の多様化にともなって発生した少量品種はロジスティクスコスト増大の要因になっていることから，チャネル間で既存の製品の統廃合を推進してコスト削減を行う必要がある。

第7は，各チャネル間で投資危険負担を共有することである。

チャネル間で操業度を保証することによって投資の危険負担を軽減することが必要である。それにはサプライチェーン間で長期契約がどうしても必要になる。

8 サプライチェーンマネジメントの成功原則

最後に，サプライチェーンマネジメントを成功させるにはどうしたらよいか考えてみる。

W.C.コパチーノは，サプライチェーンマネジメントを成功させるために，彼の友人であるJ.ヒントリアンの7つの原則をあげている[11]。

第1は，顧客から始めること

顧客の価値と必要をまず理解して，伝統的な業種分類ではなく，顧客サービスニーズにもとづいた顧客分類に応じたサービスを提供する。

第2は，ロジスティクス資産を管理すること

これは，単独企業の枠内ではなくサプライチェーンを通してである。物流拠点，サプライチェーンの在庫，さらに，輸送業務を扱うプロジェクトは上流チャネルと下流チャネル両方を含む必要がある。

第3は，顧客管理をシステム化，組織化すること

情報と顧客サービスに関しては顧客に一枚岩で対応する。これはサプライヤーの需要充足プロセスと顧客の購入プロセスを一致させることを意味している。そのため，情報技術がサプライチェーンのメンバー間での電子的な結びつ

きだけでなく，受注情況を単一画面に提供するテコとなる必要がある。

第4は，販売・業務計画を統合すること

これは，より素早く対応するサプライチェーンを基盤とすることである。それにはただ1つの販売計画を持つ必要がある。企業内はもちろんのことサプライチェーンを通して販売計画と実需の情報を共有する必要がある。

第5は，生産と調達をテコにすること

これは，弾力的でかつ効果的な業務をするためである。先進企業はJITやリーン生産方式（必要な時だけ生産し，製造設備を目一杯活用し，すべての製造レベルで在庫を削減し，さらに製造リードタイムを短縮する生産方式。JIT生産方式がさらに体系化されたもの）に加え延期戦略，自動補充計画を取り入れている。また，市場のバロメーターとしてPOS情報を活用する。さらに，情報をすべての計画プロセスとリンクさせる必要がある。

第6は，戦略的提携とリレーション管理に焦点をあてること

これは当然チャネルを通してである。真のパートナーシップ関係を展開することは困難であるが，戦略的提携なしにはサプライチェーンを1つの統一体として管理することはできない。

第7は，顧客指向の業績評価を展開すること

この業績評価はチャネルメンバーの行動を高める。完全なサプライチェーンの解決策は拡大したサプライチェーンの経済的業績を評価する測定基準と業績基準を展開する必要がある。

などである。

要は，最終の顧客にどう対応するか，どのようなパートナーと連携するか，販売に対していかに柔軟な生産，調達を行うか，さらに，業績評価をいかに行うかがカギである。

今まで，サプライチェーンマネジメントとは何か，また，ロジスティクスとの違いについてみてきた。筆者は，今後企業間の競争の重点が，製品の機能，品質，価格の差別化から，ビジネスプロセスのイノベーションすなわちサプライチェーンプロセスの差別化へと変化していくものと考える。

そういう点で企業は今後サプライチェーンマネジメントをどう戦略的に展開するかが緊急の課題となるであろう。

【注】
1) 阿保栄司著「ロジスティクス革新戦略」日刊工業新聞社，1993年，p.40。
2) D.F.Ross, Competing Through Supply Chain Management. KAP, 1998, p.4.
3) 前出2に同じ，p.5。
4) Michigan State University. 21st Century Logisics. CLM, 1999, p.6.
5) J.J.Coyle, E.J.Bardi, C.J.Langley Jr., The Management of Business Logistics (6th Edition). West, 1996, p.11.
6) National Associtation of Purchasing Management, Focus on Supply Chain Management. FOSCM, 1998, p.11.
7) 日本経済新聞社「経済教室」日本経済新聞，1999年1月8日付。
8) 輸送経済新聞社「流通設計」1999年7月，pp.60〜61。
9) 前出4に同じ，p.23。
10) 前出4に同じ，p.3。
11) W.C.Copacino, Supply Chain Management. The St.Lucie Press, 1997, pp.17〜19.

[第10章]

サプライチェーンの基本構造

　サプライチェーンマネジメントは，L. M. エルラムによれば「サプライヤーからエンドユーザーまでの流通チャネルを通して物の流れを計画し，コントロールする統合されたマネジメントアプローチ」と定義している。

　つまり，サプライチェーンマネジメントは，サプライヤーから最終顧客に至るまでの全チャネルの「物の動き」の統合を求めるもので，その目的は，リードタイムの短縮，顧客サービスの向上，コスト削減，売上増大，利益拡大，キャッシュフローのスピード化，資産効率の向上などによって競争の優位性を確保することにある。

　そして，サプライチェーンマネジメントの特徴は，サービス指向，プロセス指向，キャッシュフローの効率化志向，ブレークスルー指向，全体最適化指向などを特徴とした統合概念にその本質がある。

　この統合概念について，企業での歴史的発展をみると，その起源を輸送と保管活動の統合にみることができる。

　それがやがて調達，生産，物流，販売の統合つまり企業内サプライチェーン統合に発展し，さらにサプライヤー，メーカー，流通などの統合すなわち企業間サプライチェーン統合へと進展してきている。

　そこで，本章では企業間サプライチェーン統合におけるサプライチェーンの基本構造についてビジネスプロセス，ビジネスネットワーク，組織・機能，およびサプライチェーンリレーションの角度から考えてみる。

1 ビジネスプロセス

チェーンにおけるビジネスプロセスには次の3つがある。
(1) サプライチェーンプロセスである。

　サプライチェーンにおけるビジネスプロセスは，顧客やエンドユーザーに対して物，サービス，情報等を通じて，品揃えの保証，時間・配送の保証，品質の保証，情報の保証など利用可能性（Availability）を保証するプロセスと考えることができる。

　これはまさに顧客やエンドユーザーに対して，物，サービスに関して需要を充足して需要維持することである。そして，サプライチェーンプロセスは，購買，生産，保管・物流，仕入，ストアーオペレーションである（図表10-1）。

　このビジネスプロセスは注文にともなって「物・サービスの流れ」「情報の流れ」「金の流れ」がある。この中で「物・サービスの流れ」は原則として上流から下流へ動いている。一方「情報の流れ」は双方向へまた「金の流れ」は原則として下流から上流へと動いている。

(2) デマンドチェーンプロセスである。

　最近，サプライチェーンマネジメントについて，サプライチェーンプロセスつまり，需要維持のみではなく需要創出や需要維持のためのチェーンつまりデマンドチェーンマネジメントが叫ばれている。

　このデマンドチェーンのビジネスプロセスをみると，これは需要情報を通じて商品開発やマーチャンダイジングなど需要創出や需要維持を目的としている。そして，デマントチェーンプロセスはストアーマーケティング，カテゴリーマネジメント，付加価値物流，販売・マーケティング，商品開発である（図表10-1）。

　このデマンドチェーンは需要情報など「情報の流れ」が主なものであるが他に，販売促進金，リベートなど「金の流れ」や広告品などの「物の流

第10章 サプライチェーンの基本構造　127

図表10-1　サプライチェーンとデマンドチェーン

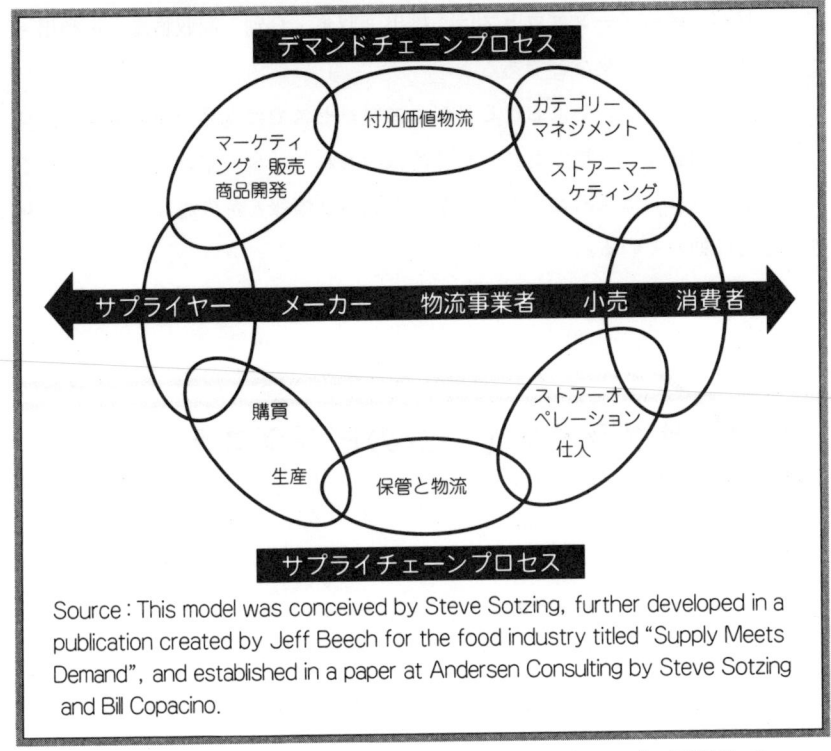

```
                    デマンドチェーンプロセス

              付加価値物流      カテゴリー
      マーケティ                マネジメント
      ング・販売                ストアーマー
      商品開発                    ケティング

    ←──サプライヤー──メーカー──物流事業者──小売──消費者──→

              購買                ストアーオ
                                  ペレーション
              生産    保管と物流    仕入

                    サプライチェーンプロセス
```

Source: This model was conceived by Steve Sotzing, further developed in a publication created by Jeff Beech for the food industry titled "Supply Meets Demand", and established in a paper at Andersen Consulting by Steve Sotzing and Bill Copacino.

（出所）　J.L.Gattorna, Strategic Supply Chain Alignment.（一部修正）Gower, 1998.

れ」がある。そしてこの「情報の流れ」は原則として下流から上流へ、「金の流れ」や「物の流れ」は上流から下流への流れとなる。

(3)　リバースチェーンプロセスである。

　このところ、使用済資材の再利用や廃棄物のリサイクルのためのリバースチェーンマネジメントの重要性が増してきている。

　リバースチェーンにおけるビジネスプロセスはいかに効率的に返品や使用済資材、廃棄物を回収するかということである。そういう点ではリバースチェーンとサプライチェーンをいかに結びつけるかが大変重要な課題と

なる[1]。

リバースチェーンプロセスは，排出・収集・分別，回収物流，再利用・リサイクル・廃棄などである。

リバースチェーンにおけるビジネスプロセスでは返品や使用済資材，廃棄物の回収など「物の流れ」や「情報の流れ」，「金の流れ」が考えられる。「物の流れ」は原則として下流から上流へ「情報と金の流れ」はいずれ双方向に動いている。

ここではサプライチェーンに焦点をしぼって考える。

2 サプライチェーンのビジネスネットワーク

サプライチェーンのビジネスネットワークをみる前に，サプライチェーンの主なメンバーについて考えてみる。
(1) サプライチェーンのメンバー
　　サプライチェーンを構成しているチェーンには次のものがある。
　① サプライヤー（供給業者）
　　　a　原材料資材サプライヤー
　② メーカー
　　　a　部品メーカー
　　　b　一般メーカー
　③ 卸売業者
　　　a　卸売（問屋，販社，商社，チェーン本部）
　　　b　2次卸売
　　　c　代理商，仲立商など
　④ 小売業者
　　　a　一般小売店

b　百貨店
　　　c　SM（スーパーマーケット）
　　　d　CVS（コンビニエンスストア）
　　　e　DS（ディスカウントストア）
　　　f　専門店など
　⑤　物流事業者
　　　a　運送業者（トラック，鉄道，海運，航空）
　　　b　倉庫業者
　　　c　運送取扱業（フォワーダ）
　　　d　運送代理店など
　⑥　各種サービス業者
　　　a　広告業者
　　　b　印刷業者，民放，新聞，出版
　　　c　情報サービス業者，情報システム設計業者
　　　d　コンサルタント会社
　　　e　不動産業者，リース業者など
　⑦　金融保険業者
　⑧　地方公共団体，政府機関
　⑨　消費者

以上，サプライチェーンマネジメントのメンバーについてみてきたが，この中で主なメンバーはもちろん，サプライヤー，メーカー，卸売業者，小売業者，物流事業者，消費者であるが，「情報の動き」という切り口でみると上記の他に情報サービス業者，情報システム設計業者，「金の動き」という切り口でみると金融機関が重要な役割を占める。最近のサードパーティロジスティクスの進展によって，コンサルタント会社や情報システム設計業者の役割の重要性が増してきている。

　(2)　マーケティングネットワーク
　　　サプライチェーンにおけるビジネスネットワークについては，マーケ

図表10−2 サプライヤーとメーカーとのマーケティングネットワーク

サプライヤー	卸　　　売	部品メーカー	メ　ー　カ　ー

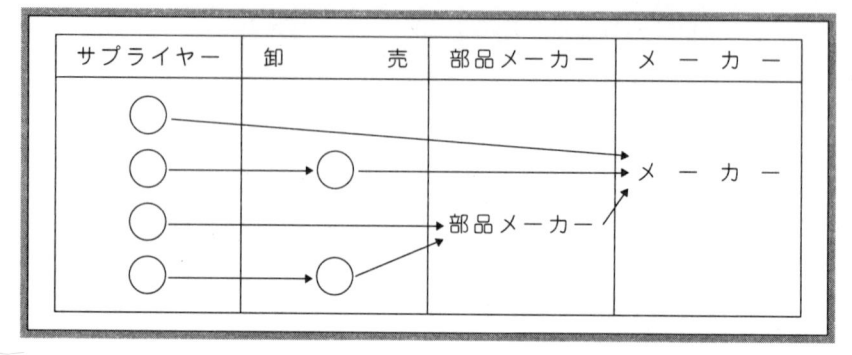

図表10−3 対流通とメーカーとのマーケティングネットワーク

サプライヤー	卸　売（1次）	卸　売（1次）	小　　　売 （消費者を含む）

ティングネットワーク（商流ネットワーク）とロジスティクスネットワークがある。

　最初にマーケティングネットワークについて，メーカーを中心に考えてみる。まず，サプライヤーとの関係でみると図表10−2のとおりである。

　図表10−2に部品メーカーを入れると，マーケティングネットワークが複雑になる。さらに，メーカーと部品メーカーとの間に卸売が入るとかなり複雑になる。最近の傾向として，サプライヤーの集約化卸売の中抜きや第2次卸売の排除が行われている。

　次に流通との関係でみると図表10−3のとおりである。

　最近，卸売の中抜きや第2次卸売の排除が行われている。

(3) ロジスティクスネットワーク

　次に，サプライチェーンにおけるロジスティクスネットワークについて，

第10章 サプライチェーンの基本構造

図表10-4 対サプライヤーとメーカーとのロジスティクスネットワーク

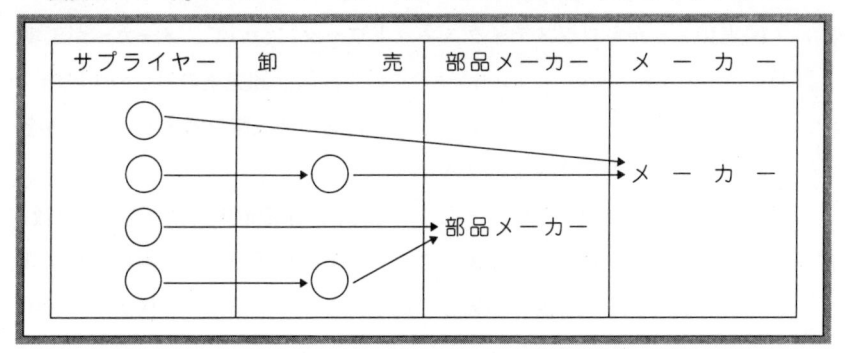

図表10-5 対流通とメーカーとの主なロジスティクスネットワーク

メーカーを中心に考えてみる。

まず, サプライヤーとの関係のロジスティクスネットワークは図表10-4のとおりである。

部品メーカーが入ると複雑なネットワークになる。

次に流通とメーカーとのロジスティクスネットワークについてみると図

表10-5のとおりである。

図表10-5からロジスティクスネットワークについて，メーカーが工場，DC（ディストリビューションセンター）の2段階，卸売業のDCの1段階，小売業のTC（トランスファーセンター），店舗の2段階を考えるとこれらを組み合わせるとかなり複雑になる。

ロジスティクスネットワークについては，在庫配置方針，物流拠点の数・階層，物流拠点の役割，物流拠点のカバー率，自家用か営業用か，サプライヤーの数などを統合的に勘案して効率的なネットワークを構築する必要がある。

3 サプライチェーンの組織，機能

サプライチェーンの組織，機能については
(1) サプライヤー領域
(2) メーカー領域
(3) 卸売領域
(4) 小売領域
(5) 物流事業領域

がある。そしてそれらの領域は次の機能領域を含んでいる。

　サプライヤー領域——購買領域，生産領域，ロジスティクス領域，マーケティング領域

　メーカー領域——同上

　卸売領域——仕入領域，ロジスティクス領域，マーケティング領域

　小売領域——仕入領域，店頭陳列領域，マーケティング領域，ロジスティクス領域

　物流事業領域——ロジスティクス領域，マーケティング領域

がある。

以上，領域についてみてきたが，これらの領域の境界を越えること(Boundary-Spanning)がサプライチェーンにとって重要である。

次にそれらの機能領域の主なロジスティクス関連業務についてメーカーを中心にみると以下のとおりである。

(1) 購買（仕入）機能
　① 購買（仕入）計画業務
　② 購入スケジューリング業務
　③ 発注管理業務など
(2) 生産機能
　① 生産計画業務
　② 製造スケジューリング業務など
(3) ロジスティクス機能
　① 顧客サービス管理業務
　② 輸配送（入荷・出荷）業務
　③ 在庫管理業務
　④ 受発注業務
　⑤ 倉庫業務
　⑥ マテリアルハンドリング
　⑦ 返品処理
　⑧ 廃棄物回収処理
　⑨ 情報システム管理業務
　⑩ その他，輸出入業務など
(4) マーケティング機能
　① 需要予測業務
　② 販売計画業務など

以上のように，サプライチェーンにおいては各部門のロジスティクス関連業務が互いに関連しているところから，各部門の機能横断化（Cross Functional）が大変重要である。計画については順次計画でなく同時並行計画化（Con-Current Planning）が大切である。業務については同期化（Synchronization）が大変重要である。業務の同期化を確保することについて，筆者は活動間，部門間の「物の動き」のそれぞれのプロセスの処理スピードを一致させること，活動間，部門間，企業間の「物の動き」のそれぞれのプロセスのキャパシティ（人・設備などの処理能力）を一致させること，さらに，「情報の動き」と「物の動き」を同時進行させることが肝要と考える。

4　サプライチェーンにおけるチェーンリレーション

　最後に，サプライチェーンマネジメントにおけるチェーンリレーションについてみていく。以下ミシガン州立大学教授のバワーソックスの所論を中心にみていく。バワーソックスはチェーンリレーションの統合形態として戦略的提携（A Strategic Alliance）をあげている。

　そして戦略的提携についてバワーソックスらは，「戦略的提携とは2つ又はそれ以上の独立した組織が特別な目的達成のため緊密に協力しあう意思決定をしているビジネス関係をいう（A strategic alliance is a business relationship in which two or more independent organization decide to work closely together to achieve specific objective)」と定義している[2]。

　そして，この戦略的提携の組み方として次の4つをあげている[3]。

(1)　製品を売買する会社（サプライヤー，メーカー，卸・小売）と物流事業者（トラック，鉄道，海運，航空，倉庫業者など）間

　　これは最も一般的なもので，たとえばメーカーとトラック運送業者あるいは倉庫業者との提携である。

(2)　物流事業者間

　　これは物流事業者同士が提携して製品を売買する会社に対して統合的サービスを提供するものである。たとえばトラック業者と鉄道業者が組ん

で複合一貫輸送する場合である。

(3) 製品を売買する会社間の垂直的統合

これはメーカーと卸，メーカーと小売，メーカーと卸と小売，卸と小売が提携するケースである。

(4) 製品を売買する会社間の水平的統合

これは同一顧客に対して2つ以上のメーカーあるいは卸売が提携するケースである。この場合はしばしばトラック運送業者がその提携に参加する。

そして，バワーソックスらは戦略的提携の形態としてパートナーシップ契約 (Partnership Agreements)，サードパーティとの協定 (Third Party Arrangement)，統合的サービス契約 (Integrated Service Agreement) の3つをあげている[4]。バワーソックスらは，それぞれについて以下のように説明している。

(1) パートナーシップ契約

最も非公式なタイプの戦略的提携である。パートナーシップ契約の場合，企業は相互依存を認めるが，通常公式あるいは独占的な協定はしない。つまり，パートナー関係の当事者は，基本サービスをやりやすくし，シナジー効果をあげるのに必要なことは何でもやる。このパートナーシップ契約は協力的ではあるが十分に統合されていない。これは独立を維持しつつ，統合することによって便益を得るためである。

(2) サードパーティとの協定

これは，通常のパートナーシップ契約より正式なものであり，より永続性が期待される。ユーザー，サービス者とも財務上の約束が必要となるため，サードパーティとの協定は，通常正式な協定書に明記される。この協定によって，荷主，サードパーティ双方の要請を満たすのに必要な柔軟性と共同関係が提供されることになる。荷主は，信頼性のあるサービスを享受し，サードパーティは，設備の利用を保証されることになる。双方が，協力して付加価値を獲得できるようにするため，基本的な業務を正式に変更できるところに，このサードパーティとの協定の最大の利点がある。

(3) 統合的サービス契約

　戦略的提携の最も正式なものは，包括的あるいは統合的サービス契約である。十分に統合されたサービスプロバイダーは，ロジスティクス事業者と呼ばれる。

　ロジスティクスサービスプロバイダーは，契約によりロジスティクスシステムの一部ないしすべてを提供しようとする。提供する機能は，通常，輸送，保管，小分け，積み合わせ，包装，製造先送りに応える軽度の組み立て，価格のマーキング，仕分け，在庫管理，返品管理，注文充足，ＰＯＳディスプレイづくりおよび戦略的ロジスティクスコンサルテーションである。この統合的ロジスティクスの本質的な特徴は，内部の能力を外部の専門技術と入れ替える包括的な契約を行う点にある。統合的ロジスティクスは，アウトソーシングの最も進んだ形態であると言える。

　次に，サプライチェーンを統合させる属性として，バワーソックスは次の3点をあげている[5]。

第1は，情報へのアクセス（Information Access）である。
これはお互の企業の情報へのアクセスの可能性をいう。
相手の情報に自由にアクセスできないようでは戦略的提携は不可能である。特に需要に関するキーとなる情報の共存が大変重要である。

戦略的提携にとって情報アクセスの重要性を強調して強調しすぎることはない。情報へのアクセスは，日常幅広い範囲でデータベースをお互いに交換，共有できることが大切である。

第2は，連結性（Connectivity）である。
連結性はパートナーの相互作用のレベルと能力に関連している。複雑なコミュニケーションシステムは高い連結性のレベルを保証しない。相手のニーズにどう素早く反応することができるかは連結性の密度によって成就される。連結性はスピードと正確さがかかわっており，情報発信の容易さが大事である。これはお互の企業が結びつくための条件と言える。

第3は，公式化（Formalization）である。

図表10－6　主要な統合属性の関係

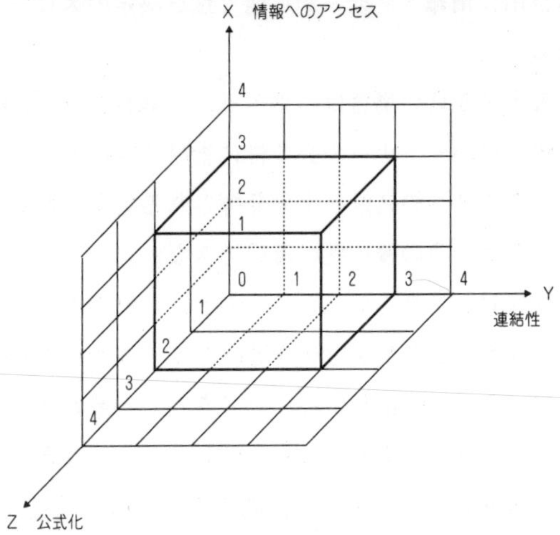

Source : Adapted from Bowersox, et, al. , "Logistics Strategy and Structure : Strategic Linkage, " a presentation given at the 1990 Council of Logistics Management Annual Conference, Reprinted with permission of the authors.

（出所） D. J. Bowersox, Logistical Excellence. Digital Press, 1992.

これは戦略的提携にとって最も重要なものだ。かかわっている企業が，共通の文化や働く環境を発展させる必要がある。企業間で共通するルールや方法の確立こそ戦略的提携と責任分担へのガイドラインを提供する。要するに，お互いの企業の業務処理の共通化と考えられる。

以上，３つの属性についてみてきたが，この属性の強さ，さらにはこの３つの属性のかかわり方によって戦略的提携の強さを表わすとバワーソックスは述べている。

たとえば，図表10－６からＸ軸は，情報へのアクセス（Information Access），Ｙ軸は，連結性（Connectivity），Ｚ軸は，公式化（Formalization）を表わしており，３つの属性のレベルを示している。

個々の属性は，別々の型で強弱がある。図表10－６は，それぞれの属性がハイレベルに達した場合が示されている。

Xが高く，YとZが低ければ幅と奥行きがない高いボックスになる。この場合パートナーは自由に情報アクセスが可能で意思決定のスピードと質を高めることが可能になる。

Yが高く他のXとZが低い場合は，平べったい奥行きのない幅の広いボックスになる。この場合はパートナーの必要性に素早く反応することが可能である。

いずれにしてもこの3つの属性が十分発揮される必要がある。この属性の1つまたは2つだけでは競争の優位性は獲得できない。

この3つの属性に対して高くてバランスのとれた型で約束がなされている状態こそ最も理想的な型で競争的優位性を確保している戦略的提携と言える。

以上，バワーソックスの所論を中心にみてきたが，筆者は，サプライチェーンマネジメントにおけるサプライチェーンリレーションはチェーン双方が平等の立場で各々の長所を生かし，協力，協調している相互利益（Win-Win）を得るパートナーシップ関係にこそその本質があると考える。

そしてこのサプライチェーンを統合させる属性として，たとえば，連結の難易度，情報接近への難易度，納入業者・流通業者の数，プロセスの長さ，ビジネスネットワークの複雑さ，業務の範囲・複雑性，依存性などが考えられるが，サプライチェーンの統合の最も重要な属性として筆者は，動因（ドライバー）すなわちサプライチェーン統合への必要と能力，およびサプライチェーン統合への容易性の2つをあげたいと思う。

この動因の強弱と容易性の程度によって，パートナーシップ関係は次の3つの関係が考えられる。

すなわち，

第1は，戦略的コミットメント（約束）関係である。

これは最も初歩的なパートナーシップ関係である。単に「物の動き」の「全体均衡」化のためコミットメントしている状態ではなく，競争の優位性を確保するために戦略的にコミットメントしている状態。

第2は，戦略的コントラクト（契約）関係である。

これは戦略的コミットメントより進んだパートナーシップ関係である。単に

「物の動き」の「全体最適」化のためコントラクトしている状態ではなく競争の優位性を確保するため戦略的にコントラクトしている状態。

第3は，戦略的アウトソーシング（外注化）関係である。

これは最も進んだパートナーシップ関係である。単に外部の専門的知識，技術，情報を活用して自社の製品やサービスの付加価値を創造する状態ではなく，競争の優位性を確保するため業務の設計から運営までの一切を外注化している状態。

筆者は，競争の優位性を確保するため，戦略的にコミットメントしている関係，契約している関係，外注化している関係こそ真のパートナーシップ関係と考える。

なお，第3の戦略的アウトソーシングは，将来，単一企業が物流事業者に戦略的に外注化することから全体を統括する企業が物流事業者に戦略的に外注化する業界プラットホームへ進化するものと推察する。

以上，サプライチェーン構造についていろいろな角度からみてきたが，サプライチェーンリレーションがうまくいくにはお互いの理解はもちろんのこと，サプライチェーン間の広くは需要と供給，狭くは必要と能力（供給）を全体的に均衡させることが重要なポイントであると考える。

【注】

1) P. J. Metz, "Demystifying Supply Chain Management : Accomplishments and Challenges" CLM, Chicago, IL, October 5 −8, 1997, pp. 251〜252.
2) Michigan State University. Leading Edge Logistics : Competitive Positioning for the 1990s. CLM, 1989, p. 213.
3) D. J. Bowersox, Logistical Excellence. Digital Press, 1992, pp. 141〜144.
4) 前出2に同じ，pp. 218〜222。
5) J. F. Robeson, & W. C. Copacino, The Logistics Handbook. Free Press, 1994, pp. 765〜767.

[第11章] サプライチェーンマネジメント戦略

　ロジスティクスの中心的命題である生販物統合は，企業内サプライチェーン統合システムであり，この統合をさらに社外の取引先を含めた企業間サプライチェーン統合システムへと拡張する必要がある。

　つまり，企業内にとどまらず最終顧客ニーズを基本としてサプライヤー，メーカー，物流事業者，流通業者等の異なった組織間でパートナーシップにもとづく企業間サプライチェーン統合システムを構築する必要がある。この企業間サプライチェーン統合システムこそ，サプライチェーンマネジメント（供給連鎖管理）である。

　本章ではサプライチェーンマネジメント戦略を中心に展開する。

1 基本方針の策定

　まず第1に，サプライチェーンマネジメントの基本方針の策定から始める。サプライチェーンマネジメントの戦略目標として，
たとえば
(1) 顧客サービスの戦略的展開
　　ユニークな顧客サービスの創造とそれを差別化する。
(2) サプライチェーンプロセス全体の時間の効率化
　　サプライチェーン間で，市場の動向に対応して最大のスピードで対応す

る。
(3) サプライチェーンプロセスのコストの大幅な削減

サプライヤーからエンドユーザーまでの「物の動き」にかかわるコストを大幅に削減する。

(4) 競争優位性のあるサプライチェーンリレーションの開発

サプライチェーン間で，ビジョンや目的の共有，情報の共有，リスクの共有，協働（collaboration）など戦略的関係を確立する。

(5) サプライチェーンプロセスの全体最適化

サプライチェーンプロセスの同期化とスピード化をはかる。

(6) 資産効率の向上やキャッシュフローのスピード化

サプライチェーン間全体でのＲＯＡ（総資産利益率）の向上，在庫回転率の向上やキャッシュフローのスピード化をはかる。

などが考えられる。

第2に，どういう点でパートナーシップを組むかを決定する。

パートナーシップのポイントとして，たとえば，顧客サービス，販売物流，調達物流，一括物流，チャネル，アウトソーシング，受発注業務，在庫管理，物流拠点，情報などがある。

第3に，どのパートナーとパートナーシップを組むかである。

これは，サプライチェーンマネジメントをどこが主導するかという問題である。これについては，メーカー，卸，小売の役割分担の見直しを行って最もふさわしいところが主導するべきであろう。サプライチェーンマネジメントの組み方として，次の4つが考えられる[1]。

(1) メーカーとトラック運送業者とのパートナーシップ
(2) 物流子会社とトラック運送業者とのパートナーシップ
(3) サプライヤー，メーカー，卸，小売の垂直的統合
(4) 同じ顧客に対する2つ以上のメーカーの水平的統合

第4に，サプライチェーンマネジメントを構築するためにどのような組織方針でいくかを決定する。サプライチェーンマネジメントの基本方針を策定し，

第11章 サプライチェーンマネジメント戦略　143

図表11-1　男性用下着サプライチェーンマップの例

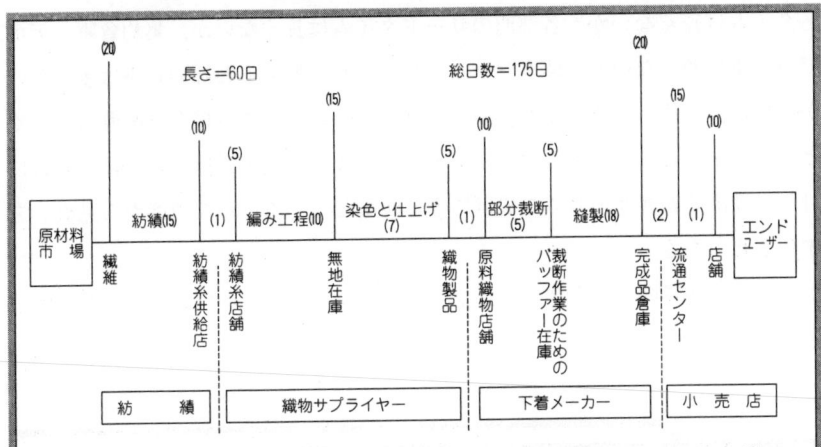

Supply chain management—an example. Source：Scott. Charies & Roy Westbrook（1991）New Strategic Tools for Supply Chain Management, International Journal of Physical Distribution and Logistics Management, 21. No.1

（出所）　M. Christopher, Marketing B. H. Logistics. 1997.

各サプライチェーンを巻き込んでサプライチェーンマネジメント戦略を推進していくには，トップダウンで行うことはもちろんのこと相当強力な組織が必要であることは当然である。

2　「物の動き」の現状分析とギャップ分析

次に，サプライチェーン間の「物の動き」のマップを描いて現状を徹底的に分析するとともにギャップ分析を行うことである（図表11-1）。

具体的な進め方として，自企業はもちろんのこと，業界全体のサプライチェーン間の「物の動き」について全体の流れ，各部門のリードタイム，在庫の現状などサプライチェーンマップを描くところから始める。

このサプライチェーンマップによって，サプライヤーから最終顧客までのす

べてのサプライチェーンの問題を徹底的に追求しそれを改善する。調達のリードタイムは長くないか，各部門のリードタイムは長くないか，集約倉庫，デポでの在庫は多くないか，顧客サービスレベルから考えると卸の在庫は多くないか，また，全体の「物の流れ」の日数は長くないか，さらに在庫配置についてどこの企業のどこのストックポイントにどのように在庫配置したら最終顧客に対して最高の顧客サービスを提供できるかなど，いろいろな角度から見直しをする必要がある。

さらに，業界の首位企業や先進企業のサプライチェーンマップとベンチマーキングを行う。

3 サプライチェーンマネジメント戦略の展開

サプライチェーンマネジメントの戦略目標や「物の動き」の現状分析をふまえて，サプライチェーンマネジメント戦略を検討する。

サプライチェーンマネジメント戦略については，

第1は同期化戦略である。

まず，サプライチェーンを結びつけて同期化することである。それには，各チャネルの責任の明確化，各チャネルの制約条件の改善，チャネル間で情報の共有化が必要不可欠である。以下それぞれについてみていく。

(1) チャネルの責任の明確化

各チャネルには前に述べたようにそれぞれチャネルの論理がある。たとえば，小売業は，品切れを恐れるあまり販売見込みを多めに提示する。卸売業は在庫を可能な限り低減したいため，納入のリードタイムを短くする。メーカーは安定生産，品質確保などから，生産のリードタイムを長くしたり，計画変更をできる限り少なくする。物流事業者は，物流効率化のため，トラックが満載になるまで出荷をしないなどの論理が存在する。各チェー

ンが自社の利益を優先した判断ではサプライチェーンに悪影響を与えることは自明の理だ。

そこで、まずこの論理を乗り越えて各チェーンを結びつけることから始める。次に各チェーンの責任分担をハッキリさせる必要がある。メーカーには生産責任、卸売には在庫・小分け責任、小売には販売責任、物流事業者には輸配送責任がある。これらを明確にすることが大切である。

(2) 各チャネルの制約条件の改善

各チャネルの制約条件（ボトルネック）をよく認識して計画をたて、制約を能力限界まで活用することである。

つまり各チャネルの制約条件を改善してチャネルの間の「物の動き」の需要（必要）と供給（能力）の一致や、さらに、それぞれのプロセスの処理スピードを一致させるとともにそれぞれのプロセスのキャパシティー（処理能力）を一致させて「物の動き」の同期化（Synchronization）をはかることである。

要は、制約理論（Theory of Constraints）にもとづいて最適化計画をつくっていくことが大切である。

(3) チャネル間の情報の共有化

市場動向やチャネル間の生産、調達、物流に関する情報の正確な把握はもちろんのこと、市場動向に対して各チャネル間の情報のタイムラグをなくすため計画・実績情報を共有化する。これは最新の情報技術を使って「物の動き」に関する情報をチャネル間で共有して各チャネルの同期化をはかる。そのために、各パートナーとの円滑なコミュニケーションができる仕組みづくりを行う必要がある。

第2は、スピード化戦略である。

各サプライチェーンを結びつけたらそのプロセスをいかにスピード化するかが次の課題である。

(1) 各チャネルの「情報の流れ」のスピードアップ

① 市場と各チャネルとのダイレクトなコミュニケーションルートの構築

市場動向や，生産，調達，物流の状況をリアルタイムで把握し，それらについて，各チャネル間をダイレクトで結ぶコミュニケーションルートを構築する。特に，実需情報を劣化させずに上流へ伝達することが肝要である。

② 計画の多頻度化

各チャネルが計画のプロセスを強化することが大切である。特に販売計画にあたっては月次から旬次，週次へと計画を多頻度に行うことは市場にスピーディに対応するための重要な要件である。

③ 同時並行計画化（Con-Current Planning）

販売計画と実績とのギャップを把握して，スピーディに各チャネルの販売計画，生産計画，調達計画，仕入計画，物流計画などすべての計画を同時に短時間で計画変更して，計画への最適な対応をはかる。

④ 需要予測の精度の向上

需要予測の精度の向上は，売り損じ，ムダな生産やムダな在庫の防止のため大変重要である。

たとえば，需要予測の精度向上のためＣＰＦＲ（Collaborative Planning Forecasting & Replenishment 協働需要予測）を進める。これは，需要予測の精度を向上させるため，お互いにチャネル間で計画・予測情報を交換し，一定以上のギャップがあるとインターネットなどを使ってお互いの予測をスリ合せて，協働して精度の高い需要予測をつくることである。お互いの情報を共有し検討することで需要予測の精度の向上が確保される。

⑤ 計画ツールの活用

各種計画ツール，たとえばＥＲＰ（Enterprise Resource Planning 基幹業務統合情報システム＝企業の基幹的な情報処理システムを統合したパッケージソフト）やＡＰＳ（Advanced Planning System 先端プランニングシステム＝計画に対して迅速，的確に業務を調整するサプライチェーンマネジメントパッケージソフト）や意思決定支援ソフト，チャネル統合ソフトなどを導入して，

図表11-2　VMI（ベンダー在庫管理）

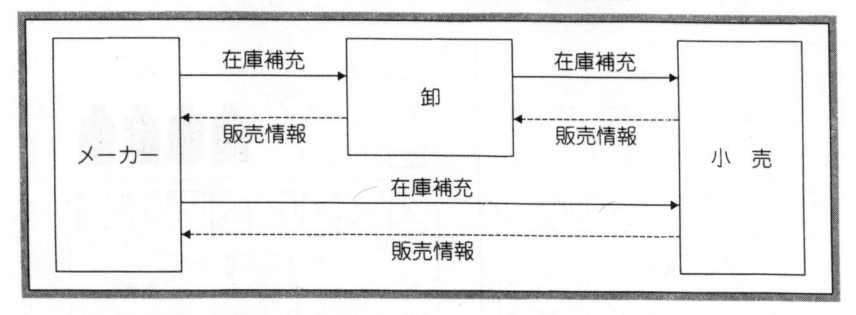

```
┌─────────────────────────────────────────────────┐
│  ┌──────┐  在庫補充  ┌────┐  在庫補充  ┌──────┐  │
│  │      │──────────→│    │──────────→│      │  │
│  │メーカー│          │ 卸 │           │小 売 │  │
│  │      │←─────────│    │←─────────│      │  │
│  │      │  販売情報  └────┘  販売情報  │      │  │
│  │      │         在庫補充            │      │  │
│  │      │───────────────────────────→│      │  │
│  │      │←───────────────────────────│      │  │
│  └──────┘         販売情報            └──────┘  │
└─────────────────────────────────────────────────┘
```

計画プロセスを強化して情報の流れを短縮する[2]。
(2) 各チャネルの「物の流れ」のスピードアップ
　① チャネル間で迅速, 的確な需給統合体制の確立

　　サプライヤー, メーカー, 流通とコンピュータで結んで, 需要計画と供給計画を統合するとともに, 日々変化する需要に対して供給を迅速, 的確にマッチさせる需給統合体制を確立する。そのためには, 各サプライチェーンの対応能力が大変重要である。

　　これによって, 顧客サービスの向上, 在庫やコストの削減, サイクルタイムの短縮をはかる。

　② VMI（Vendor Managed Inventories ベンダー在庫管理）の導入

　　ベンダー主導による在庫管理である。これは, ベンダーが小売店からPOS情報など販売情報や在庫情報をタイムリーに提供を受け, その情報にもとづいて補充すべき数量を決定し, ベンダーが小売店頭へ在庫補充を行う。つまり, ベンダーによるプッシュ販売をやめて, 売れた分だけ補充するというものでプル販売方式と言える（図表11-2）。これによって, 小売では在庫削減や発注作業がなくなること, ベンダーでは最適な生産や仕入れが可能になる。

　③ CRP（Continuous Replenishment 継続的商品補充, または, ノンストップ補充）の導入

　　CRPは, 通常, ディストリビューターからサプライヤーに対して,

図表11−3　クロスドッキングの2つの例

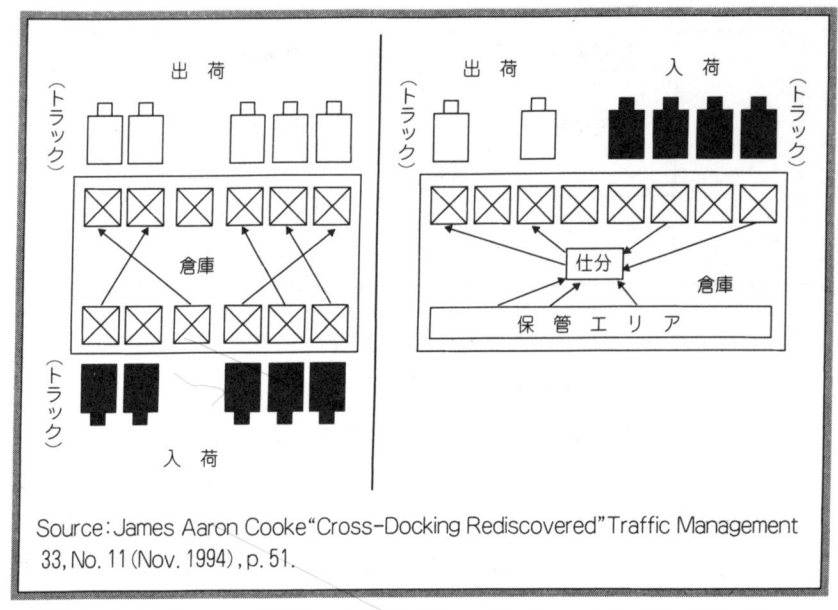

Source：James Aaron Cooke"Cross-Docking Rediscovered"Traffic Management 33, No. 11 (Nov. 1994), p. 51.

(出所)　D. M. Lambert, J. R. Stock, L. M. Ellram, Fundamentals of Logistics Management. McGRAW−Hill, 1998.

　従来，経済発注量にもとづいた発注オーダーから，販売予測を加味しながら実需にもとづいた商品補充へと，補充発注のプロセスを簡素化し変革する方式である。

　ＣＲＰをサプライヤーか，あるいはディストリビューターか，いずれが動かすにしても，ディストリビューターの物流センターの在庫は，サプライヤーによって欠品や過剰在庫が発生しないよう補充されることによって，商品補充の平準化，発注プロセスの簡素化，在庫の削減が同時に実現できる。

　ＣＲＰはＶＭＩの一部とみることができる。

④　クロスドッキングシステム（Cross Docking System 無在庫物流）の導入

　荷受口（レシービングドック）と出荷口（シッピングドック）をクロスさせるやり方である（図表11−3）。

図表11-4 クロスドッキングの例

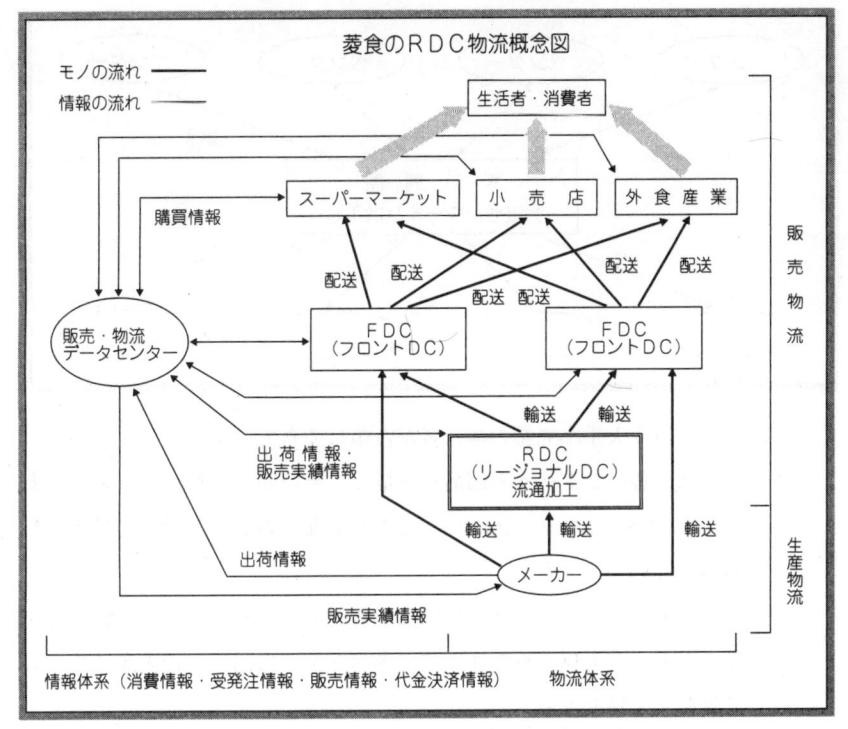

菱食のRDC物流概念図

（出所）中小企業庁取引流通課編「多頻度小口配送」同友館，1992年。

　商品を計画的に仕入れ，ジャストインタイムで配送センターに入荷し，即顧客や店舗に配送する方式である（図表11-4）。そのためにはASN（Advanced Shipping Notices 事前出荷明細または入荷予定表）などが必要である。

　これによって，小売業も卸売業も在庫削減が可能になるとともに省作業，省スペース，省力化の効果がある。このクロスドックという仕組みの中で物流のトータルコストを下げる。

⑤　一括物流の導入

　スーパー，CVSなど大手小売業の流通変革によって，ベンダーに対して同業種はもちろんのこと異業種のメーカーの商品をも一括納入して

図表11-5　一括物流

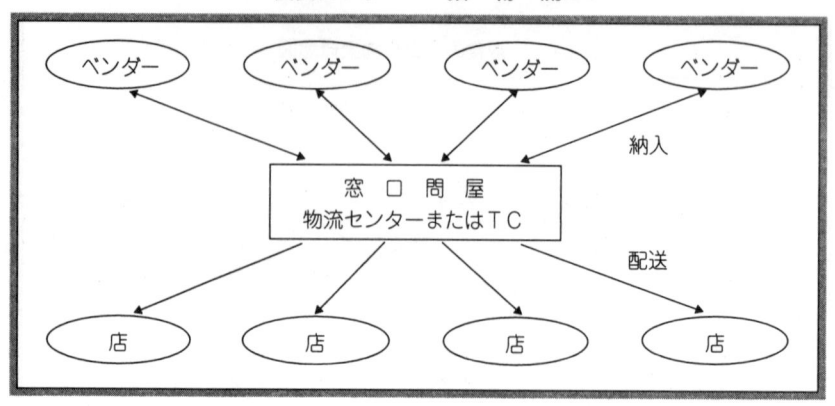

```
ベンダー   ベンダー   ベンダー   ベンダー
                                        納入
        窓 口 問 屋
      物流センターまたはTC
                                        配送
  店       店        店       店
```

ほしいという大手小売業のニーズが台頭してきている。

　これは，各ベンダーから商品を一括して窓口問屋の物流センター，またはTC（トランスファーセンター）に入れて配下の店に一括配送することである（図表11-5）。

　また，各ベンダーから個々に商品を物流センター，またはTCに入れることから，受入側が車を仕立てて各ベンダーに回って仕入商品を一括して集荷する場合もある。

　これは積載率の向上，配送時間の短縮，検品時間の短縮が目的である。

⑥　延期（Postponement）戦略の導入

　市場の不確実性が，生産やロジスティクス活動に与える影響をできる限り排除するため，注文に応じて生産，ロジスティクス活動ができるよう，それらの活動を先送りする。たとえば，各種部品を卸売業者，物流業者などの拠点に前もって置いておき，注文がきたらそこで最終的な組立てを行うことである（図表11-6）。要するに最終の組み立てをメーカーから外部の卸売業者，小売業者，物流業者にシフトすることが肝要である[3]（詳細は第12章を参照）。

⑦　ECR（Efficient Consumer Response 効率的消費者対応），QR（Quick Response 短納期生産供給）の導入

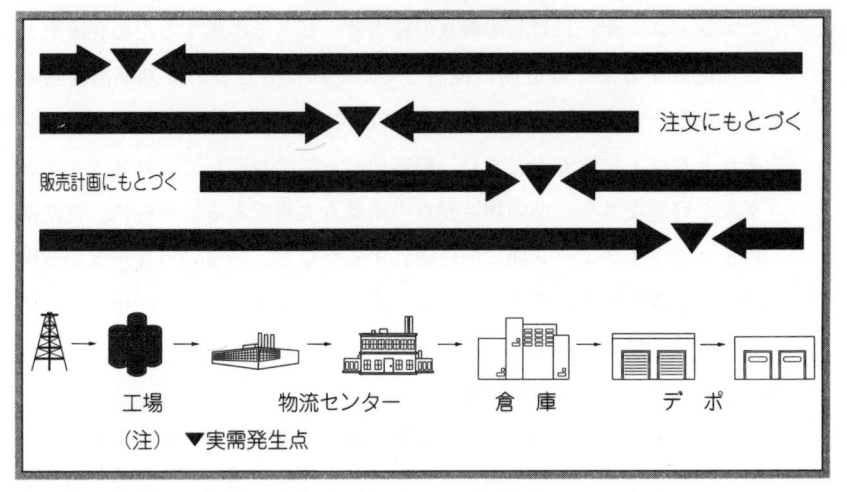

第11章 サプライチェーンマネジメント戦略　151

図表11-6　実需発生点

（出所）　M. Christpher, Marketing Logistics, BH, 1997.

　ＥＣＲは，食品や日用雑貨業界におけるサプライチェーンマネジメントのコンセプト，ＱＲは衣料品業界におけるサプライチェーンマネジメントのコンセプトである。
　これは，ベンダーと小売が提携して，消費者満足の最大化とコスト最小化のため，消費者が求める商品を切らさず効率的に店頭に供給する戦略である。ＥＣＲ戦略は，効率的商品補充，効率的販売促進，効率的品揃え，効率的新商品開発をめざす。

⑧　直送の導入

　メーカーから卸売を通さず直接量販店やディスカウントストアに配送する。これによって，納入時間の短縮や在庫・物流費の削減をはかる。ただ，この直送によって物流コストがアップしてしまう場合があるので注意する必要がある。つまり，メーカーによっては，小分け機能，小口配送になれていないため，かえって物流コストが高くなってしまう場合がある。直送を導入する場合，メーカーは，小分け機能や小口配送を効率的に行う必要がある。

⑨ 効率的な物流ネットワークの構築

　エンドユーザーに対して最高の顧客サービスを提供するため在庫をどこに配置するかを総合的に検討して，それにもとづいて効率的な物流ネットワークを再構築する。たとえば，物流拠点を小売の近くに置くか，それとも遠くに置くか。また，顧客のニーズに対応してクロスドッキングなど可能なスルー型の物流拠点の構築も大事である。さらに，物流拠点をサプライチェーン間で何階層にするかなど，いろいろな角度から検討する必要がある。できれば，メーカー，卸で最大1拠点，小売で1拠点の2段階以下に抑えたい。

⑩ 業務と商品の統廃合の推進

　サプライチェーンのすべての業務を調べて重複業務を排除する。たとえば，受注処理，資材計画，在庫管理，輸配送の領域での重複やムダを排除するよう業務を統合する。これによってリードタイムを短縮できるし，また，弾力性を増すことができる[4]。また，多品種化にともなって発生した少量品は「物の動き」のコストを大幅に引き上げる要因になっている。商品統廃合によってロジスティクスコスト削減対策を考える必要がある。

⑪ サードパーティロジスティクス戦略の展開

　ロジスティクス業務やその周辺業務を一括委託することである。

　荷主が，ロジスティクス業務の全体をサードパーティ，たとえば，トラック運送業者に戦略的にアウトソーシングすることによって顧客サービスの向上とロジスティクス業務の効率化をめざす。

　このように最近，メーカーや小売店では物流業務を一括してトラック運送会社（サードパーティ）などに外部委託して，ロジスティクスの効率化，特に顧客サービスの向上とコスト低減を行っている。今後，このロジスティクス業務の一括委託がかなり行われていくものと思われる（詳細は第14章以降を参照）。

図表11-7　バックホールシステム

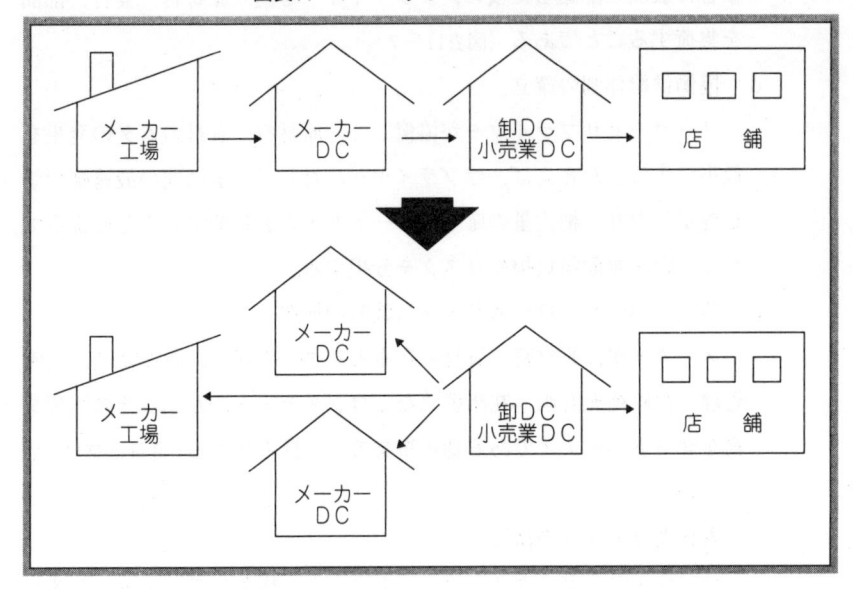

⑫　調達業務の効率化の推進
　a　サプライヤーの集約化
　　　購買業務の効率化と調達物流の効率化のためできうる限りサプライヤーを集約して一括納入をめざす。これはより優良なサプライヤーに購入量を移して，スケールメリットをねらうものである[5]。
　b　ＶＭＩ（Vendor Managed Inventories ベンダー在庫管理）の導入
　　　サプライヤー主導の在庫管理でサプライヤーが，メーカーの在庫情報や生産情報を見て補充すべき数量を決定し納品していく在庫管理手法で，もともとは，販売物流においての手法であったが，最近は資材調達における原材料，資材の補充方法として活用されている。
　c　バックホールシステム（Back Haul System）の導入
　　　アメリカでは配下の店や顧客の小売店に配送した後，メーカーや問屋のサプライヤーを回り仕入商品を集荷することが行われている。これをバックホールシステムという。要するに，これは，卸，小売など

顧客に製品を配送した後に，サプライヤーを回り原材料，資材，部品を集荷することである（図表11－7）。

 d 協働供給体制の確立

  メーカーとサプライヤーが協働して，原材料，資材のムダの発生を最小にする。たとえば，サプライヤーに対して一定期間の最適購入量を提示したり，納入量の確定のリードタイムを短縮することによって，お互いの在庫危険負担のリスクを分担する。

 e サードパーティロジスティクス戦略の推進

  メーカーが，原材料・資材の在庫センターの運営，調達物流，在庫管理，在庫補充計画，在庫戦略などロジスティクスおよびその周辺業務をサードパーティである物流事業者に一括委託する（詳細は第14章以降を参照）。

 f 資材調達ネットの構築

  サプライヤーとエクストラネットワークを構築して，生産，調達などの計画・実績情報を共有化して原材料・資材の購入や納入のスピード化や効率化をはかる。

(3) チャネル間の業務をスピード化するための情報システムの構築

 ① ＥＤＩ（Electoronic Data Interchange 電子データ交換）の活用

  ＥＤＩは電子データ交換のことである。

  これは，業種や業界の壁を越えた企業間オンライン電子データ交換システムで，受発注，代金の決裁，見積書，予測情報など商取引情報をオンラインでやりとりすることによって，業務のスピード化や効率化をはかる。最近はVAN－EDIからWEB－EDIに変化しつつある。

 ② 他に，スピード化のための情報技術，たとえば，サプライチェーンの業務統合を可能にするオープンシステム（Open System 異なったベンダーのハードやソフトのコンピュータによるリンクを可能にするシステム），オフィスの業務効率化のためのグループウェア（Groupware 共通の目的を持ったグループを支援し，共同作業が行える環境をつくるよう，インターフェースを提供するコン

ピュータベースのシステム)，情報共有によって同時並行処理するためのクライアントサーバシステム (Client Server System サーバーにデータを蓄積して，クライアントの要望に従って必要なデータやプログラムを提供する)，イントラネット (企業内ネットワーク)，エクストラネット (提携先や協力関係にある企業間ネットワーク)，需要予測のためのＫＢＳ (Knowledge-Based System 知識をベースにしたシステム) などの活用を選択する。

以上，サプライチェーンマネジメント戦略についてみてきたが，これを展開するにあたっては，いかに戦略的なパートナーシップを確立して協働していくかである。実行するにあたって，当然のこととしてスムーズに運営するにはトップダウンだけでなくボトムアップのアプローチも欠かせない。

【注】

1) D. J. Bowersox, Logistical Excellence. Digital Press, 1992, pp. 141〜144.
2) W. C. Copacino, "The IT−Enable Supply Chian : Key to Future Success" Logistics Managment, 1998. 4, p. 36.
3) J. L. Gattorna, Strategic Supply Chain Alignment. Gower, 1998, p. 197.
4) W. C. Copacino, Supply Chain Management. The St. Lucie Press, 1997, p. 124.
5) 前出3に同じ，p. 124。

[第12章]

サプライチェーンにおける延期戦略と投機戦略

　顧客要求のたえざる変化や製品のコモディティ化（顧客化）でブランドが退化することによって製品の差別化が困難になっているところから，サービスとコストの競争が激化している。

　特に，顧客に対してカスタマイズ（客先仕様化）された製品をより迅速に，効率的，効果的に供給することが，企業において競争の優位性を確保するための重要な要素となっている。つまり，企業にとってスピード化とマスカスタマイゼイション化（客先仕様の大衆化）は，競争の優位性を確保できる最も重要な領域となっている[1]。

　最近，企業は，スピード化とマスカスタマイゼイション化のため，サプライチェーンの中でどの時点で製品をつくるか，さらに，そのビジネスプロセスを効率化する延期戦略（Postponement Strategy）が話題となっている。本章ではサプライチェーンマネジメントの主要な戦略である延期戦略と投機戦略（Speculation Strategy）について考えてみる。

1　延期原理と投機原理とは

　まず，延期戦略と投機戦略を考察する前に，延期と投機の原理とは何かについて述べる。

　延期の原理を最初に考え出したのは，アメリカのマーケティング学者のW. オ

ルダーソンである。

　この延期原理は，販売予測や計画という不完全な情報にもとづいて生産活動やロジスティクス活動を行うことを避けるために，生産とロジスティクス活動をマーケティングフローのできる限り遅い時点で発生させることである。これは，生産とロジスティクス活動を実需発生点に近いところで行うことを意味している。

　一方，投機原理は，L．P．バックリンによって提案されたものである。
　バックリンは，生産とロジスティクス活動がマーケティングフローの早い時点で行われることを投機の原理と名づけた。これは，販売予測や計画にもとづいて生産とロジスティクス活動を前倒しして行うことを意味している。つまり，生産とロジスティクス活動を実需発生点より前倒しして行うことである。

　バックリンは，オルダーソンの延期の原理には制約があるとして，その逆の投機の原理を考え出したものである。つまり，オルダーソンの延期の原理がマーケティングシステムの効率化を促すと公式化したのに対して，延期の原理が無条件にコストの節約にならないとして，延期と投機の原理の融合を考えた。

　要するに，延期と投機の原理の本質は，延期の原理が，生産やロジスティクス活動をより実需発生点に近づけることによって，市場のリスクや在庫コストなど物流コストを削減するために考え出されたものである。

　しかし，延期の原理には生産や配送についてスケールメリットが得られないとして，生産やロジスティクス活動を実需発生点より前倒しして行う投機の原理は，市場のリスクがあること，さらに，在庫コストなど物流コストは高くなるけれども，大口生産や大口ロット配送などスケールメリットが得られることによって生産コストや配送コストなど物流コストが削減できることから双方の原理の融合がはかられたと言えよう。

2　延期原理と投機原理の領域

　延期と投機の原理についてみてきたが，この原理がかかわる領域は，生産領域とロジスティクス領域である。
　生産についてみると，生産活動は，形質をかえることによって効用を創出するところから，延期と投機の原理が関連するのは形つまり製品をどの段階で形づくるかということである。
　これを具体的にみると，図表12-1のようにいろいろな段階で製品をつくることができる。
　この図表から受注生産（Make to Order）が最も延期された状態と言える。
　この場合は，まとめて生産しないので，大口生産は不可能であること，また，生産のリードタイムが短いという特徴がある。
　次に図表12-1から見込生産（Make to Stock）が最も投機された状態である。
　この場合は，まとめて生産が可能なため，大口生産が可能であること，生産のリードタイムが長いという特徴ある。
　次にロジスティクス活動についてみると，これは主として，時間的，場所的な価値を創出する活動であるところから，延期と投機の原理が関連するのは在庫をどこに置くかということである。つまり在庫を顧客の近くに置くか，遠くに置くかという在庫位置の問題である。在庫を顧客から遠くに置くということは在庫を集約していることを意味しており，在庫を顧客に近くに置くことは在庫を分散していると考えることができる。
　在庫を顧客から遠くに置くこと，すなわち在庫を集約していることは，ロジスティクス活動の最も延期された状態と言える（図表12-2の1）。この場合は大口ロット配送が可能という特徴がある。
　一方，投機の原理は，在庫を顧客の近くに置くこと，つまり在庫を分散していることを意味している（図表12-2の2）。この場合は大口ロット配送は不可能という特徴がある。

図表12−1　生産活動における延期と投機の原理

1．企業内サプライチェーンにおける延期と投機の原理

区　　　分	調　達	部品加工	部品組立	最終組立
受注生産 （Make to Order）	←			
受注加工・組立生産 （Assemble to Order）		←		
受注組立・生産 （Build to Order）			実需発生点	
見込生産 （Make to Stock）				←

2．企業間サプライチェーンにおける延期と投機の原理

区　　　分	メーカー 工　場	メーカー 集約在庫拠点	卸　売　店 分散在庫拠点	小　売　店
受　注　生　産	←			
受注組立・生産			実需発生点	
見　込　生　産				←

図表12−2　ロジスティクス活動における延期と投機の原理

1．延期の原理
　　在庫集約
　　　工　場 ─ 集約在庫拠点

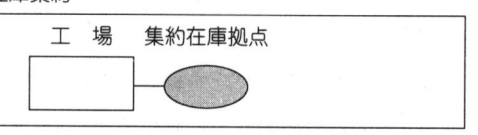

2．投機の原理
　　在庫分散
　　　工　場 ─ 分散在庫拠点（3拠点）

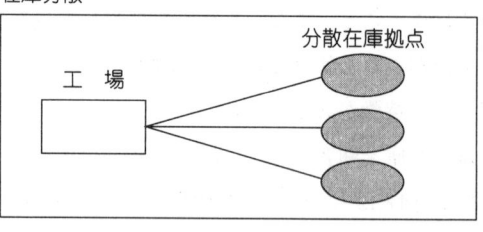

図表12-3　生産・ロジスティクス活動の延期と投機の特徴

区分	特徴	
	延期	投機
生産活動	受注生産 小口生産 生産リードタイムが短い	見込生産 大口生産 生産リードタイムが長い
ロジスティクス活動	在庫集約（在庫が顧客に遠い） 配送時間が長い	在庫分散（在庫が顧客に近い） 配送時間が短い

　これら生産とロジスティクス活動の延期と投機の原理の特徴についてまとめると図表12-3のようになる。

3　延期原理と投機原理のメリット，デメリット

　次に延期と投機の原理のメリット，デメリットについて述べる。延期と投機の原理のメリット，デメリットを考えるにあたり，この原理の背景にあるロジックは，リスクや不安定なコストが生産とロジスティクス活動の中で起こるところの製品の型や時間，空間の差異に結びついていることである[2]。
　まず，延期の原理のメリット，デメリットについてみると，延期の原理は，生産やロジスティクス活動がより実需発生点に近づくことから，市場のリスクが削減されることと，在庫コストなど物流コストが節約されることである。一方，大口生産や大口ロット配送などスケールメリットが得られない。それぞれについて具体的にみると以下のとおりである。

　(1)　生産活動について
　　①　メリットは，大口生産ができないことと，生産のリードタイムが短いため，デットストックの発生が少ないことと，在庫切れの恐れがないこと

② デメリットは，大口生産ができないことと，生産のリードタイムが短いため，生産コストが高くなること
　(2)　ロジスティクス活動について
　　① メリットは，在庫を集約しているため，在庫保管コストが低いこと
　　② デメリットは，在庫を集約しているため，配送時間が長いこと，配送コストが高くなること
などである。

　次に投機の原理のメリット，デメリットについてみると，投機の原理は，生産やロジスティクスを実需発生点より前倒しして行うため，市場のリクスがあること，在庫コストなど物流コストが高くなることである。一方，大口生産，大口ロット配送などスケールメリットが得られることである。それぞれについて具体的にみると以下のとおりである。
　(1)　生産活動について
　　① メリットは，大口生産できることと，生産のリードタイムが長いため，生産コストが低いこと
　　② デメリットは，大口生産できることと，生産のリードタイムが長いため，デットストックの発生が高いこと，在庫切れが起こる恐れがあること
　(2)　ロジスティクス活動について
　　① メリットは，在庫を分散しているため，配送時間が短いこと，配送コストが低いこと
　　② デメリットは，在庫を分散しているため，在庫保管コストが高いこと
などである。

4 延期戦略と投機戦略

今まで延期と投機の原理,領域,メリット・デメリットについてみてきたが,次にその戦略について述べる。

生産活動には延期戦略(受注生産)と投機戦略(見込生産)が考えられる。ロジスティクス活動にも,延期戦略(在庫集約)と投機戦略(在庫分散)が考えられる。従ってこれらを組み合わせると図表12-4のとおりとなる。

これらのうち,受注生産・在庫集約は,フル延期戦略,見込生産・在庫集約は,ロジスティクス延期戦略,受注生産・在庫分散は,生産延期戦略,見込生産・在庫分散は,フル投機戦略と考えることができる。

以下,それぞれの戦略についてその特徴について述べる[3]。

(1) フル延期(受注生産・在庫集約)戦略

これは,生産とロジスティクス活動が最も延期された状態で行われる。顧客からの注文が企業の最も上流で受けられる。生産は生産活動の最も上流で形づくられる。そして製品は顧客に最も遠いところにストックされる。そして集約在庫拠点から配送される。これをサプライチェーンの例でみると顧客の注文点が,生産のプロセスの最後のステージで行われる。最終の組立てやパッケージが工場で行われ,集約在庫拠点から小売店に製品が送られる(図表12-5の1)。したがって,メリットは,低い在庫保管コスト,低い在庫切れの発生,低いムダな在庫の発生,一方,デメリットとして,やや高い生産コスト,高い配送コストと長い配送時間などである。

(2) ロジスティクス延期(見込生産・在庫集約)戦略

これは,最近多くの企業で行われている。この戦略は,生産活動が投機された状態で行われる。一方ロジスティクス活動は延期された状態で行われる。顧客からの注文は,生産の最も下流で受けられる。つまり,生産活動は生産の最も下流で形づくられる。製品は,顧客の最も遠いところでストックされる。そして集約在庫拠点から配送される。これをサプライ

図表12-4　延期・投機戦略

区　　分			ロジスティクス活動	
			延　期	投　機
			在　庫　集　約	在　庫　分　散
生産活動	延　期	受注生産	受注生産・在庫集約	受注生産・在庫分散
	投　機	見込生産	見込生産・在庫集約	見込生産・在庫分散

チェーンの例でみると顧客の注文点が集約在庫拠点レベルの上流にもっていかれる。生産は，ロジスティクス活動の前に行われる（図表12-5の2）。したがって，この戦略のメリットは，低い生産コスト，やや低い在庫保管コスト，一方，デメリットは，高い配送コスト，高い在庫切れの発生，高いムダな在庫の発生，長い配送時間などである。

(3)　生産延期（受注生産・在庫分散）戦略

　これは，生産活動が延期された状態にあるのに対してロジスティクス活動が投機された状態で行われる。生産は顧客から注文を受けてから行われる。つまり全体の生産活動が行われる前に顧客から注文を得るということである。製品は，顧客の最も近くにストックされる。そして分散在庫拠点から配送される。これをサプライチェーンの例でみると生産つまり，軽い生産，最終組立，パッケージやラベリングがサプライチェーンの最下流である卸売の分散在庫拠点などで行われる（図表12-5の3）。したがって，この戦略のメリットは，低い配送コスト，低いムダな在庫の発生，やや短い配送時間が得られる。一方，デメリットは，高い生産コストとやや高い在庫保管コストなどである。

(4)　フル投機（見込生産・在庫分散）戦略

　これは，多くの企業が伝統的にとっている戦略である。この戦略は，生産とロジスティクス活動が最も投機された状態で行われる。つまり顧客からの注文が企業の最も下流で受けられる。生産は生産の最も下流で形づくられる。製品は顧客の最も近いところにストックされ，その分散在庫拠点

第12章 サプライチェーンにおける延期戦略と投機戦略　165

図表12－5　サプライチェーンにおける生産・ロジスティクス活動の延期・投機戦略の例図

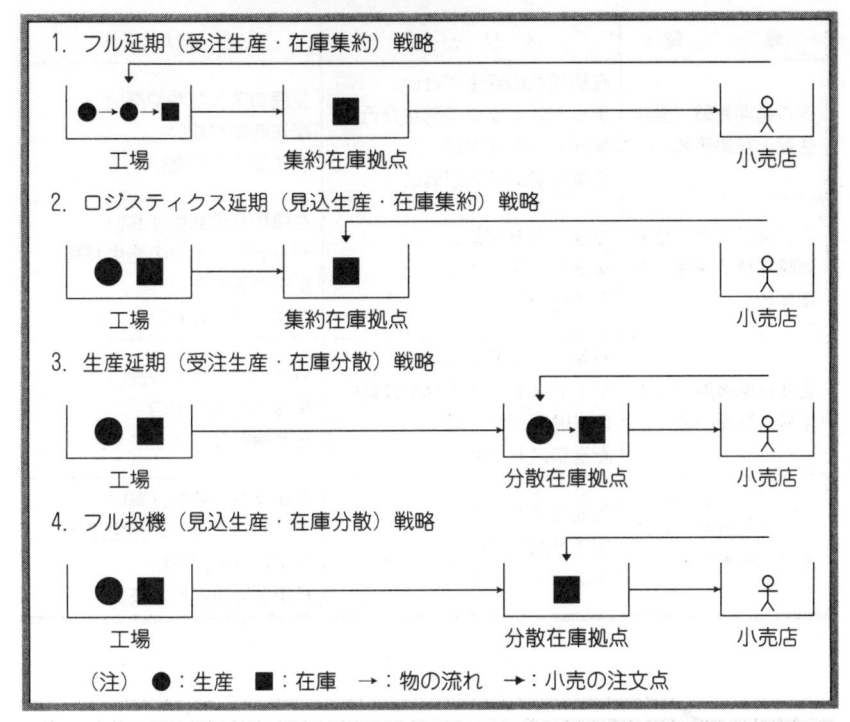

1. フル延期（受注生産・在庫集約）戦略
　工場　　　集約在庫拠点　　　小売店

2. ロジスティクス延期（見込生産・在庫集約）戦略
　工場　　　集約在庫拠点　　　小売店

3. 生産延期（受注生産・在庫分散）戦略
　工場　　　分散在庫拠点　　　小売店

4. フル投機（見込生産・在庫分散）戦略
　工場　　　分散在庫拠点　　　小売店

（注）●：生産　■：在庫　→：物の流れ　→：小売の注文点

（出所）J.D.Pagh, & M.C.Cooper, "Supply Chain Postponement and Speculation St-rategies：How to Choose the Right Strategy"（一部修正）CLM, Journal of Bu-siness Logistics, Volume 19, Number 2, 1998.

から配送される。これをサプライチェーンの例でみると顧客の注文点がサプライチェーンの最下流つまり小売店にもってゆかれ，すべての生産が前倒しして行われる（図表12－5の4）。したがって，この戦略のメリットは，低い生産コスト，低い配送コストと短い配送時間が得られる。一方，デメリットは，高い在庫保管コストと高い在庫切れの発生や高いムダな在庫の発生などである。

これらをまとめると図表12－6となる。

図表12-6　生産・ロジスティクス活動の延期・投機戦略
　　　　　のメリット・デメリット

戦略	メリット	デメリット
フル延期戦略（受注生産・在庫集約）	在庫切れの発生が低い デッドストックの発生が低い 配送ロットが大口 在庫保管コストが低い	生産コストがやや高い 配送時間が長い 配送コストが高い
ロジスティクス延期戦略（見込生産・在庫集約）	生産コストが低い 配送ロットが大口 在庫保管コストがやや低い	在庫切れの発生が高い デッドストックの発生が高い 配送時間が長い 配送コストが高い
生産延期戦略（受注生産・在庫分散）	在庫切れの発生が低い デッドストックの発生が低い 配送時間がやや短い 配送コストが低い	生産コストがやや高い 配送ロットが小口 在庫保管コストがやや高い
フル投機戦略（見込生産・在庫分散）	生産コストが低い 配送時間が短い 配送コストが低い	在庫切れの発生が高い デッドストックの発生が高い 配送ロットが小口 在庫保管コストが高い

5　戦略の選択

　以上4つの生産とロジスティクス活動の延期と投機戦略についてみてきたが，企業が上記4つの延期と投機戦略のうちどれを選択するかという問題がある。どの戦略を選択するかについてJ．D．ペウ＆M．C．クーパーは次の段階を踏む必要があると述べている[4]。

第1段階　戦略決定要素を明確化する

　　　戦略を選択するにあたり，製品面，市場と需要面，生産とロジスティクス面のそれぞれの戦略決定要素を明らかにすることから始める。

図表12-7　特性項目分析概念

投機・延期 決定要素			投機・延期戦略			
			フル投機戦略	生産延期戦略	ロジスティクス延期戦略	フル延期戦略
製品	ライフサイクル	ステージ	導入期	成長期	成熟期	成熟期／衰退期
		ボリューム	低い／中位	中位／高い	中位／高い	低い／中位
		コストとサービス戦略	サービス	←――――――――――→		コスト
	製品特性	製品タイプ	標準	←――――――――――→		カスタマイズ
		製品の幅	狭い	←――――――――――→		広い
	価値	価値特性	初期段階	←――――――――――→		最終ステージ
		価格	低い	低い	高い	高い
市場と需要		配送時間	短い	←――――――――――→		長い
		配送頻度	高い	←――――――――――→		中位／低い
		需要の不確実性	低い	←――――――――――→		高い
生産とロジスティクス		スケールメリット	大きい	小さい	大きい	小さい
		特別な能力	はい	いいえ	はい	いいえ

(出所) J.D.Pagh, & M.C.Cooper, "Supply Chain Postponement and Speculation Strategies : How to Choose the Right Strategy"CLM, Journal of Business Logistics, Volume 19, Number 2, 1998.

第2段階　戦略決定要素ごとにその特性項目と戦略とを適合させる

製品・市場と需要・生産とロジスティクス面のそれぞれの戦略決定要素ごとに，その特性項目について延期と投機戦略への適合性を分析して明らかにする（図表12-7）。

第3段階　戦略決定要素ごとの特性項目に適合する戦略をプロットする

当該製品，たとえば，A製品について，該当する戦略決定要素ごとにその特性項目について延期と投機戦略に適合する点をプロットする（図表12-8）。

第4段階　最適戦略を選択する

最後に，それらを総合的に勘案して最適な戦略を選択する。

図表12-8　製品の特性項目分析例

投機・延期 決定要素			投機・延期戦略			
			フル投機戦略	生産延期戦略	ロジスティクス延期戦略	フル延期戦略
製品	ライフサイクル	ステージ	導入期	成長期	成熟期	成熟期／衰退期
		ボリューム	低い／中位	中位／高い	中位／高い	低い／中位
		コストとサービス戦略	サービス			コスト
	製品特性	製品タイプ	標準			カストマイズ
		製品の幅	狭い			広い
	価値	価値特性	初期段階			最終ステージ
		価格	低い	低い	高い	高い
市場と需要		配送時間	短い			長い
		配送頻度	高い			中位／低い
		需要の不確実性	低い			高い
生産とロジスティクス		スケールメリット	大きい	小さい	大きい	小さい
		特別な能力	はい	いいえ	はい	いいえ

（出所）　J. D. Pagh, & M. C. Cooper, "Supply Chain Postponement and Speculation Stra-tegies：How to Choose the Right Strategy"CLM, Journal of Business Logistics, Volume 19, Number 2, 1998.

　この場合，いろいろな角度から総合的に判断する必要がある。特に総合的に判断する場合に，延期と投機戦略をとることによって生産コストや物流コスト上昇とそれによって得られる効果，つまり，各要素間にはトレード・オフがあるので特に留意が必要である。
　以上，ペウとクーパーの延期と投機戦略決定の方法についてみてきた。この方法は詳細な分析的手法を取り入れてかなり評価ができるものである。
　なお，ペウとクーパーの延期と投機戦略決定にあたって製品面，市場と需要面，生産とロジスティクス面の戦略決定要素を考えているが，筆者は，需要面，供給面，製品面から戦略決定要素を明らかにして，それら特性項目について，生産とロジスティクス活動の延期と投機戦略の適合性を分析する方法を提案し

たいと考える。

それぞれの戦略決定要素は，以下のとおりである。
(1) 需要にかかわる戦略決定要素
　　①需要の安定性，②需要のライフサイクル，③競争の密度，④顧客許容リードタイム，⑤季節性，⑥流行性，⑦特注需要性，⑧配送の頻度性，⑨配送の正確性，⑩配送の即応性など
(2) 供給にかかわる戦略決定要素
　　①スケールメリット，②リードタイム，③設備能力の柔軟性，④資材・原料，部品の調達性，⑤設備の技術集約度，⑥設備，人の集約度，⑦生産形態など
(3) 製品にかかわる戦略決定要素
　　①ライフサイクル，②ライフステージ，③価値，④価格，⑤代替性，⑥製品タイプ（消費材，生産材），⑦製品タイプ（標準品，特注品），⑧アフターケアなど

上記戦略決定要素のうち，関連のうすいもの，あるいは関連のないものは削除して，主な戦略決定要素について分析して，戦略を決定する方法や当該製品にとって特に重要な戦略決定要素，たとえば，顧客許容リードタイム，つまり即必要か，購入をしばらく待てるかなどについて分析して戦略を決定する方法も考えられる。

今まで，延期と投機戦略の選択についてみてきたが，最後に，延期戦略を導入するにあたっての留意すべき点についてみる[5]。

それは，

第1は，製品のモジュール化を進めること

部品について共通化，標準化することによって，部品の製造の柔軟性や多様化を可能にし，さらに製品の組み立てを容易にする。

第2は，プロセスのモジュール化を進めること

プロセスを分割して各サブプロセスの一部の場所をかえたり，順序を入れかえたり，さらにそれの標準化によって製造の柔軟性を高める。

第3は，延期戦略のメリット，デメリットを計量化できること

延期戦略をとることによってコストと効果の観点からいろいろなオプションを総合的に判断できるようにする。

などである。

【注】
1) J.L.Gattorna, Strategic Supply Chain Alignment. Gower, 1998, pp.76〜79.
2) J.D.Pagh, & M.C.Cooper, "Supply Chain Postponement and Speculation Strategies : How to Choose the Right Strategy" CLM, Journal of Business Logistics, Volume 19, Number 2, 1998, pp.13〜14.
3) 前出2に同じ，pp.14〜21。
4) 前出2に同じ，pp.13〜32。
5) 前出1に同じ，pp.88〜89。

[第13章]

サプライチェーンにおける業績評価

> サプライチェーンマネジメントの効果は，リードタイムの短縮，顧客サービスの向上，コスト削減，売上増大，利益拡大，キャッシュフローのスピード化，資産効果の向上などが可能になることによって競争の優位性を確保することができることである。
> サプライチェーンマネジメントは，このような効果があるにもかかわらず，サプライチェーンマネジメントの最大の問題は，サプライチェーンマネジメントの業績測定が困難なため，統制することができないことである。
> サプライチェーンマネジメントの業績評価は，ロジスティクス資源の配分とその監査にとって必要不可欠である[1]。
> そこで，本章では主としてサプライチェーンマネジメントの業績評価について概要を述べる。

1 業績評価

企業におけるロジスティクスは，競争の優位性を確保するために必要不可欠な要素となっており，ロジスティクスの業績評価は益々重要性を増してきている。

ロジスティクスにおける業績評価は，業績測定と統制からなっており，その目的は，計画に対して実績を調査，分析して，さらなる改善や改革をめざすも

のである。

　ロジスティクス業績測定の方法には，監視 (Monitoring) 測定，統制 (Controlling) 測定と指導 (Directing) 測定の3つがある[2]。

　監視測定は，時系列的にロジスティクス業務を追跡，調査，分析して，マネジメントや顧客に報告して改善を求めるものである。これは，主にサービスレベルとロジスティクスコストがその対象となる。

　統制測定は，現状のロジスティクス業務を追跡して，それが基準値に入っているか，あるいは，それをオーバーしているかを調査することによって業務プロセスを改善する。

　指導測定は，人を動機づけるための業績測定であり，典型的な例は作業量である。

　次に業績測定の対象の視点からみると，活動ベースとプロセスベースの測定がある。

　活動ベースの測定は，ロジスティクスプロセスや注文に必要な個々の作業に焦点をあてるもので，これは，活動レベルであり，生産性レベルである。これは，主として業務の効率や効果に焦点をあてるが，顧客満足の全プロセスの業績を測定するものではない。

　一方，プロセスベースの測定は，主として企業内・企業間サプライチェーン統合によってもたらされる顧客満足とトータル物流コストを対象とする。それらはすべての業務のサイクルタイム，あるいはトータルなサービスの質を測定，調査するものである[3]。

　従来の業績測定は，活動別評価であったが，今日では個々の活動を部分最適化しないため，ロジスティクスのプロセス測定に注意が払われている[4]。

　つまり，ロジスティクス測定は，従来は機能的視点で行われていたが，今日は，プロセス主導による測定がこの厳しい環境において有力なものとなっている。このプロセス主導ということは，主として顧客の注文を充足することによってトータル物流コストの最小を求めることと言えよう[5]。

2 サプライチェーンマネジメントにおける業績評価

ロジスティクスから,サプライチェーンマネジメントへと進化するにつれて,サプライチェーンマネジメントの業績評価の必要性が増してきている。

各サプライチェーン,たとえばメーカーや卸がそれぞれの独自の業績評価にもとづいてやれば,各サプライチェーンにはそれぞれの論理があるために,全体に最適化されたものにはならないことは自明の理である。

したがって,サプライチェーン全体を統合した業績評価が必要となる。

D.J.バワーソックスらは,サプライチェーン全体に共通する統合業績評価として5つの測定基準をあげている。この5つの測定基準は,顧客サービス,コスト管理,業績品質,生産性と資産管理がある[6]。

以下5つの測定基準の特徴と測定要素についてみていく。

(1) 顧客サービス

　ロジスティクスは,人,物,金,情報などの諸資源を使って顧客サービスを生み出していること,また,顧客サービスは顧客維持や顧客創出しているところから顧客サービスの質の測定は最重要課題である。

　これは,顧客満足を提供する企業の能力を測定するものである。

　顧客満足測定には,完全な注文充足,顧客満足がある。

　たとえば,完全な注文充足は,以前から必要な時に,正確な書類と完全な品質状態で届けられると定義されている。顧客満足は,納入リードタイム,完全な注文充足にかかわる要素,それに注文状態や注文処理に対する問い合わせに対応する能力に関する顧客の認識が測定される[7]。

　主な顧客サービスの質の測定要素には,充足率,欠品受注リードタイム,配送の正確性,誤出荷,定時配送などがある(図表13-1)。

(2) コスト管理

　先に述べたよう,従来のコストの業績測定は活動ごとの測定であった。

図表13－1　典型的な業績測定基準

顧客サービス	コスト管理	品　質	生産性	資産管理
1．充足率 2．欠品 3．誤出荷 4．定時配送 5．バックオーダー 6．受注リードタイム 7．配送の正確性 　（一貫性） 8．質問に対する回答に要する時間 9．回答の正解度 10．完全な注文充足 11．顧客のクレーム 12．営業マンのクレーム 13．全体の信頼度 14．全体の満足度	1．トータルコスト 2．ユニット当たりのコスト 3．売上に占めるコスト割合 4．入荷運賃 5．出荷運賃 6．管理コスト 7．倉庫での注文処理費 8．直接人件費 9．予算と実際の比較 10．コストのトレンド分析 11．製品ごとの直接利益 12．顧客セグメントごとの利益 13．在庫維持費 14．返品コスト 15．破損コスト 16．サービス失敗のコスト 17．バックオーダーのコスト	1．破損率 2．注文の正確さ 3．ピッキング/出荷の正確度 4．文書/請求書の正確度 5．情報の利用可能度 6．掛売に関するクレーム数 7．顧客からの返品の数	1．従業員当たりの出荷数 2．売上当たりの労働者数 3．セールスマン当たりのオーダー 4．時系列分析 5．目標計画 6．生産性指標 7．設備の休止 8．注文の生産性 9．倉庫の労働生産性 10．輸送の労働生産性	1．在庫回転率 2．在庫レベル, 供給リードタイム 3．在庫の劣化 4．純資産利益率 5．投資利益率 6．在庫のクラス化 　（ABC） 7．経済的付加価値 　（EVA）

（出所）　Michigan State University. 21st Century Logistics. CLM, 1999.

　たとえば，全物流コスト，機能別物流コスト，商品別物流コスト，地域別物流コストなどの測定である。

　ロジスティクスにおいてはプロセス全体のコスト測定である。その1つの測定方法がトータルコストアプローチである。図表13－2は，トータルコストを追跡するための主なトータル物流コストの例である。

　主なコスト管理の測定要素には，トータルコスト，入荷運賃，出荷運賃，

第13章 サプライチェーンにおける業績評価　175

図表13－2　サプライチェーンコスト要素

1　注文充足コスト 　(1)　新製品の発売とメンテナンス 　(2)　顧客注文創出 　(3)　受注とメンテナンス 　(4)　契約／計画管理 　(5)　設備計画 　(6)　注文充足 　(7)　設備 　(8)　顧客勘定 2　原材料調達コスト（生産原材料のみ） 　(1)　商品管理と計画 　(2)　サプライヤーの品質設計 　(3)　入荷運賃と税 　(4)　入荷検品 　(5)　部品設計 　(6)　道具立て 3　トータル在庫保管コスト 　(1)　初期／機会コスト 　(2)　目減り 　(3)　保険と税金 　(4)　劣化	4　ロジスティクス関連の財務と情報シ 　　ステム管理コスト 　(1)　財務 　(2)　MIS／システム 　(3)　サプライチェーン支援コスト 5　製造のための労働と在庫関連諸経費 　(1)　直接労働 　(2)　間接労働 　(3)　製造と品質設計 　(4)　情報システム 　(5)　スクラップと再加工 　(6)　減価償却 　(7)　リース料 　(8)　工場占有 　(9)　設備メンテナンス 　(10)　社外支援 　(11)　環境対策

（出所）　D. J. Bowersox, & D. J. Closs, Logistical Management. McGRAW-Hill, 1996.

在庫維持費，倉庫での注文処理費などがある（図表13－1）。
(3)　業務品質

　　ロジスティクスの業務品質の測定で最も重要なものは注文処理である。これは個々の機能よりはむしろ統合されたロジスティクス業務全体の効果性に関連しているからである。

　　主な業務品質の測定要素には，破損率，注文の正確度，出荷の正確度，請求書の正確度などがある（図表13－1）。
(4)　生　産　性

　　ロジスティクスの生産性測定は，インプットである資源（人，物，金な

ど）に対するアウトプットであるサービスとの対比である。

これは大変シンプルな式であるが，実際はインプットとアウトプットを測定することは大変困難がともなう。ロジスティクスの生産性測定で最も重要なものは労働生産性である。

主な生産性の測定要素には，従業員当たりの出荷数，倉庫の労働生産性，輸送の労働生産性などがある（図表13－1）。

(5) 資産管理

資産測定基準は，ある一定の資産レベルで得られる販売レベルに焦点をあてる。

資産測定基準はキャッシュからキャッシュになるまでのサイクルタイム，在庫水準と資産効果の3つがある。

キャッシュからキャッシュになるまでのサイクルタイムは，原材料を購入して，製品を販売してお金になるまでの時間である。これは，原材料，資材の調達と支払い，あるいは顧客への早いデリバリーと集金によって高められる。

在庫水準は在庫速度，あるいは，在庫回転率を測定する在庫水準は，工場での在庫，現場倉庫などの在庫の総数を1日当たりの販売高で除したもので表わすことができる。在庫を増やさないで販売を増加させれば，早い在庫速度と高い在庫回転率が得られる。これによって追加利益が，在庫保管コストの増加をまねくことなくもたらさせる。

資産測定は，販売と資産との対比によって表わさせる。これは，現状の資産の有効利用とそれを所有するかどうかによって影響を受ける[8]。

主な資産測定要素には，在庫回転率，総資産利益率などがある（図表13－1）。

今まで，5つの測定基準の特徴とその測定要素についてみてきたが，問題はいかに社内的業績評価と社外的業績評価を統合してサプライチェーン全体を統合した業績評価を行うかである。

それには次の4つの能力を高めることが必要不可欠である[9]。

第1は，機能的評価能力である。

これは使用する社内的業績評価の数と種類を広げて，品質，タイムリーさ，正確さとデータの利用可能性を改善することである。要は，包括的な機能的業績評価を高めることである。

第2は，活動基準とトータルコストの管理能力である。

これは，特別な顧客や製品に関するコスト，売上貢献を包括的に明確化するため，活動基準原価計算，予算の採用と活用である。

第3は，包括的測定能力である。

これは，一企業だけでなくサプライチェーンの業績標準と測定を確立することである。要するに，企業の壁を越えた全サプライチェーン間の業績基準と測定を確立することである。

第4は，財務的インパクト力である。

これは，1つのビジネス行動とプロセスの変化がいかに企業全体の経済の健全性に影響を及ぼすかを証明するため，企業とサプライチェーンの業務行動を直接，財務的測定基準に結びつけるかである。要は，サプライチェーンの業務をＥＶＡ（Economic Value Added 経済的付加価値），ＲＯＮＡ（Return on Net Assets 純資産利益率）のような財務上の測定への直接的な連結である。

これら業績評価統合によって企業は，効率的にサプライチェーンプロセスの監視が可能になり，変化の優位性の明確化と相互理解が可能になる[10]。

以上，サプライチェーンマネジメントにおける業績評価について，主としてバワーソックスらの所論を中心にみてきたが，筆者は次のような課題があると考える。

つまり，サプライチェーンマネジメントの業績評価について，顧客サービス，コスト管理，品質，生産性，資産管理をあげているが，この中にはスピードに関する業績評価が含まれていないことである。スピードに関する測定は必要不可欠である。

スピード測定基準は，顧客の注文から顧客の手元に届けられるのにどれだけ時間がかかるかということである。この注文から納入までのリードタイムには，

受注処理，注文処理，配送時間などが含まれる。スピード測定は，すべてのプロセスを顧客からの視点やセグメント化された業務の視点から測定することである。さらに，環境に関する業績評価が含まれていないことである。今後，サプライチェーンマネジメントの業績評価に大気汚染，騒音，振動，悪臭，水質汚濁，廃棄物，地球温暖化，オゾン層の破壊など環境負荷測定を追加する必要があると考える。

【注】
1) D.J.Bowersox, & D.J.Closs, Logistical Management. McGRAW-Hill, 1996, p. 668.
2) 前出1に同じ，p.670。
3) 前出1に同じ，p.671。
4) 前出1に同じ，p.671。
5) 前出1に同じ，p.671。
6) Michigan State University. 21st Century Logistics. CLM, 1999, p.89.
7) 前出1に同じ，p.680。
8) 前出1に同じ，pp.681～682。
9) 前出6に同じ，pp.101～102。
10) 前出6に同じ，p.102。

[第14章]

サードパーティロジスティクス

　アメリカでは1990年代に入ってサプライチェーンマネジメントが進展し，そのサプライチェーン機能を高めるため，戦略的アウトソーシングの一環としてサードパーティロジスティクス（Third Party Logistics 3PL）が急成長している。サードパーティロジスティクスという言葉は，アメリカでロジスティクス業務の外注化という意味で1980年代の中頃から後半にかけて使われ始めた。つまり，1988年にCLM（全米ロジスティクス管理協議会）が顧客サービス調査を行い，その中で初めてサードパーティ供給者（Third Party Providers）という言葉を引用し，1989年その調査報告書が出るにおよび，顧客サービス機能の新しい見方として注目をあびるようになった[1]。

　このサードパーティロジスティクスは，欧米ではContract Logistics, Outsourcing, Partnership, Logistics Service Providers, Integrated Service Providers, Strategic Alliance with Service Providers, VAL (Value Added Logistics) などとほぼ同義語に用いられることが多いが，一方，わが国では，提案型物流などと呼ばれている。

　21世紀に向けて，ロジスティクス分野においてサードパーティロジスティクスが最大の課題となると思われる。

　そこで本章では，サードパーティロジスティクスについていろいろな角度から検討する。

1 サードパーティロジスティクスの定義

サードパーティロジスティクスとは何か。

アンダーセンコンサルティングのロジスティクス部門責任者のW.C.コパチーノは，提供するサービス業務領域の観点から「サードパーティロジスティクスは，輸配送，輸配送管理，倉庫管理，在庫・資材管理，受注管理，顧客サービスマネジメント，輸出入管理，ロジスティクス情報サービス，ロジスティクス統合管理などこれらのサービスの2つ以上を組み合わせて提供すること」と定義している[2]。

一方，わが国の政府の総合物流施策大綱は，これについて，提案と包括というキーワードを使って「荷主に対して物流改革を提案し，包括して物流業務を受託する業務」と定義づけている。

筆者は，オペレーショナルの視点からサードパーティロジスティクスとは荷主からみれば一定期間，契約ベースで荷主のロジスティクス業務の全部または一部を特定の物流事業者に一括委託すること，また，物流事業者からみれば，荷主のロジスティクス業務の全部，または，一部を一括受託することと考える。

要するに，サードパーティロジスティクスは，ロジスティクスやその周辺業務を戦略的にアウトソーシングすることである。

2 サードパーティロジスティクスの出現の背景

先に，1990年代に入ってアメリカではサードパーティロジスティクスが進展したと述べたが，その出現の背景には外部環境の変化をあげることができる。すなわち

(1) グローバリゼーションの進展

(2) サービスとコスト削減競争の激化
(3) 株主重視経営指向
(4) 規制緩和
(5) 情報テクノロジーの進展

などである。

以下，それぞれの特徴についてみていく。

(1) グローバリゼーションの進展

今やグローバル化を抜きにした経営は考えられない。企業は，国内市場が成熟期に入って，大きな成長が期待できないことからグローバル市場へ打って出ることが必要不可欠になった。グローバル化によって，調達，生産，物流がロジスティクスコストを増加させている。そのためそれらを効率的に行う必要が出てきている。つまり，クローバル化によって，グローバル市場へ，資材の調達や製品の供給が不可欠となり，国境を越えて，生産・販売業務を効率的に行う能力が必要となるとともにグローバル市場へ柔軟な物流ネットワークをスピーディに構築する必要が出てきた。

(2) サービスとコスト削減競争の激化

世界的な経済のスローダウンとグローバル化による大競争（メガコンペティション）時代を迎えてサービス向上とトータルコスト削減と収益確保をめざした効率的経営指向が求められている。これらによって経営の高度化，専門化に対応した外部資源を有効に活用する必要が出てきた。競争が多品種化，商品のライフサイクルの短縮，顧客へのクィックレスポンス，加えてロジスティクスコストの増加を余儀なくさせている。そのため，ロジスティクスのプロによる効率化によってサービス向上とコストダウンをめざす必要が出てきた。

(3) 株主重視経営指向

アメリカでは1980年代は不況にあえいだ時代であった。1990年代に入り，多くの企業は資源制約に直面し，企業は総自前主義を反省し，人，物，金などの経営資源を本業に集中配分した。これは各種機関投資家の出現によ

り資本の有効活用しようとする経営方針で,特にＲＯＥ（株主資本利益率）を重視する。つまり,人,物,金を利益に直結する生産や販売などコア分野へ集中投入し,利益を生まないロジスティクス関連業務は外注化してロジスティクス業務を効率化する必要が出てきた。

(4) 規制緩和

　　アメリカでは1980年代のレーガン政権時代の規制緩和によって物流事業者の顧客サービスの多様化,高度化,専門化が急速に進んだ。これによって顧客サービスの実現する自由度が高まったことから,これこそサードパーティロジスティクスが要請される最大の要件である。

　　この辺の事情をみると,アメリカでは,規制緩和によって,トラック運送業の新規参入の激増と競争激化によって倒産が増加した。また,運賃低下から運賃収入だけでは利益の確保が難しくなり,大手トラック運送業者は運賃以外,たとえば,複合一貫輸送や荷主のサプライチェーン全体のマネジメント等で利益を生み出す方策としてサードパーティロジスティクスにたどりついた。一方,一匹狼のドライバーは低運賃を武器に大手トラック運送業者の傭車として組み込まれていった。以上からみて,サードパーティロジスティクスは規制緩和後の運賃低下に対するトラック運送業の生き残り策とも言われている（図表14－1）。

(5) 情報テクノロジーの進展

　　情報技術の急速な革新によって,業務の効率化や意思決定支援のための情報システムの構築が可能になるとともに,部門間だけでなく企業間の統合を可能にした。要するに,組織を横断的に管理することが可能になり,さらなるコストダウンを可能にする情報インフラの整備が進んだ。

以上,外部環境の変化についてみてきたが,グローバル化の進展,サービスとコスト削減競争の激化,株主重視経営などは,荷主の新しいロジスティクスニーズを生み出した,一方,規制緩和,情報テクノロジーの進展は,物流事業者に新しい競争力つまりサービス競争力を与える結果となったと言える。

　このように荷主企業のロジスティクスニーズ（需要）と物流事業者の成長によ

図表14-1　アメリカのトラック運送業の規制緩和

1980年自動車運送事業法の大改正（自動車運送事業に関し大規模規制緩和）
○参入の自由化
　「公共の便益および必要性」の立証責任が申請者から既存業者へ
　そのため「適格性，意思，能力を有する者」であれば可能で事実上自由化
○運賃設定の自由化
　統一運賃が反トラスト法の適用除外廃止，またレートビューロの活動も制限され，運賃は事実上，自由に設定できるようになった。
○州間の路線運行の自由化
○最低賃金など労働条件の規制の撤廃
（規制緩和の効果）
　(a)　参入の急増
　　新規参入の急増
　　アメリカでは１台あれば事業ができる
　　改正前　約１万7,000社位増加
　　92年　約５万社まで増加
　　新規参入者の大部分は州内運送事業者で個人事業のIndependent Driver（１匹オオカミ）。増加しているのは中小規模の事業者
　(b)　運賃の安定化
　　新規参入の急増，鉄道の復活により競争の激化
　　運賃の値下げ
　　　　81年まで　　　上昇
　　　　82年以降　　　横ばい
　　　　92年　　　　　低下
　(c)　倒産の急増
　　　　1980年以前　　200件程度
　　　　85〜86年　　　1,500件程度
　　　　91年〜　　　　2,200件に達した
　　（倒産の要因）
　　・アメリカ国内経済不況（アングロサクソン不況）
　　・規制緩和によって競争激化
　　・従来免許が営業権として担保できたが，参入の自由化でその価値を失い資金繰りに困る
　　・倒産会社の多くはドライバーのユニオンであるチムスターに加入しており，ノンユニオンの低賃金ドライバーを雇う新規参入会社に比べて労務費が高い
　(d)　市場の集中化
　　小規模事業者の多数参入により少数の大手事業者，多数の小規模事業者の二極化が進む
　　大企業の寡占化が進んでいる。
　　　──アメリカでは規制緩和がおおかた成功とみられている。──

（出所）　日本開発銀行「調査－我が国物流効率化のための方策」第189号，1994年６月より作成。

図表14-2　サードパーティロジスティクス出現の背景

外部環境の変化

1. グローバリゼーションの進展
2. 大競争時代を迎えて，コスト削減とサービス競争の激化
3. 株主重視経営指向

4. 規制緩和
5. 情報テクノロジーの進展

⇩　　　　　　　　　　　　　⇩

荷主の新しいロジスティクスのニーズを生む　　　　物流事業者に新しいサービス競争力を生む

Demand　──────→　マッチング　←──────　Supply

　るロジスティクスサービス（供給）とがうまくマッチングしてサードパーティロジスティクスが形成されたものである（図表14-2）。したがって，サードパーティロジスティクスは一過性のものではなく永く続くとみるべきである。

　今後もサードパーティロジスティクス市場は着実に増加すると思われる。ちなみにアメリカではサードパーティロジスティクス市場は年間6億ドルから9億ドルの範囲で増加しており2000年には60億ドルになると予想されている[3]。

　欧米では多くの物流事業者がサードパーティロジスティクス市場に参入してきている。

　伝統的なサードパーティロジスティクス事業者は，倉庫業者，輸送キャリア，ブローカー，フォワーダなどである。

　主なものをあげると以下のとおりである[4]。

(1) 倉庫業から出たもの

　　Exel Logistics, a Subsidiary of NFC
　　GATX Logistics, a Subsidiary of GATX Corporation
　　Dry Storage Company

(2) 輸送キャリアから出たもの

　　Leaseway Transportation
　　Schneider National

Menlo Logistics（Consolidated Freightways）

　　　Federal Express Corporation

　　　TNT Contract Logistics, and Many Other Established Firms

　(3)　メーカーから出たもの

　　　Caterpillar（Caterpiller Logistics）

　　　W. R. Grace（W. R. Grace Distribution）

　(4)　ブローカーやフォワーダから出たもの

　　　Kuehne and Nagel

　　　C. H. Robinson Company

　これらの主要サードパーティロジスティクス事業者は，沢山の小企業を買収することによって成長してきている。外国資本が統合ロジスティクスサービスプロバイダーの集約に一役買っている。さらに，伝統的に１つのセグメントの統合ロジスティクスを提供していた会社は，特定の優良プロバイダーになるよう設備，人的資源，システムへの投資を行ってきた。また，これらのプロバイダーは，他のプロバイダーと提携することによってトータルなサービスパッケージを提供できるようになってきている[5]。

3　サードパーティロジスティクスの目的

　次にサードパーティロジスティクスの目的についてみるが，これについては荷主の立場と物流事業者の立場の２つの立場から考えられる。

　まず，荷主の市場からのサードパーティロジスティクスの目的についてみる。筆者は，サードパーティロジスティクスの目的は，

　(1)　顧客サービス向上

　　　高度な専門知識を持った物流事業者に外注することによって，エンドユーザーまでの配送リードタイムの短縮による配送サービス向上，物流センター内での最終組立やカスタマイズすることなど顧客サービスを向上さ

せる。
(2) トータル物流コストの削減

現状の物流コスト削減アプローチでは限界があり，物流の専門業者にまかせることによって業務の効率化，投下資本の低減，スケールメリットの追求によってトータル物流コストを削減する。また物流費を固定費から変動費化してトータル物流コストを明確化することによってトータル物流コストを削減する。

(3) 「物の動き」の時間生産性の向上

サプライチェーン間の「物の動き」をスピード化することによって，競合他社とサービスやコストを差別化する。

(4) 外部の専門性の活用

利益を直接生まないロジスティクス業務やその周辺業務を外部の専門業者に外注化することによってさらに強味をつくる。これによって物流の人材を他部門で活用する。

(5) 自社の専門性の強化

利益に直結する生産・販売・技術部門などを強化する。これによって生産，販売，技術に力をそそぐことによって専門性を強化する。これは本業への回帰と言えよう。

(6) 組織のスリム化

利益を生まないロジスティクス業務やその周辺業務を外注化することによって組織をスリム化する。

(7) リスクの分散

利益を生まないロジスティクス関連業務に投資することをさけて，それらの業務を外注化することによってリスクを分散させる。物流ネットワークへの投資，情報投資や在庫投資の負担を軽減して自社資本の有効活用をはかる。

などである。

要は，サードパーティロジスティクスの目的は，同一産業内の企業間でサプ

ライチェーン活動にかかわるコストやサービスに格差があり，この格差を埋め，そして競争の優位性を確保するため，高度な専門知識を持った物流事業者にロジスティクス業務などを戦略的に外注化して顧客サービスの向上，物流コスト削減，「物の動き」をスピード化することが目的と考える。

これについて，コパチーノは，サードパーティロジスティクス事業は，セグメント単位の物流ではなく，サプライチェーン全体の最適化が目的であると述べているが[6]，筆者はサードパーティロジスティクスの目的はサプライチェーン機能を高めて，市場での競争力を高めることにその本質があると考える。

一方，物流事業者のサードパーティロジスティクスの目的は，

(1) 新規事業の拡大

これからは物流事業者は，「運ぶ」「保管する」という業務だけでは生き残れない。ロジスティクス関連業務を一括して請負うことで新規の業容を拡大する。これにより新規荷主を獲得する。

(2) 経営の多角化

ロジスティクス関連業務を一括して請負うことで業務の多様化が可能になる。これにより経営を多角化する。

(3) ロジスティクスノウハウの獲得

ロジスティクス関連業務を一括して請負うことで物流ノウハウを獲得するとともに，ロジスティクスの専門性の強化，業務の高度化をはかる。

(4) 専門性の強化

ロジスティクスやサプライチェーンマネジメントスキル，情報システム設計，ビジネスプロセスリエンジニアリングなどによりロジスティクス業務の専門性を高める。

(5) 業務の高度化

ロジスティクス関連業務を一貫して管理できるので物流の共同化や業務の最適化が可能になる。

などである。

以上，物流事業者にとってサードパーティロジスティクスの目的は，ロジス

ティクスベンチャーに積極的に取り組んでいかに業容を拡大するかにある。

4 サードパーティロジスティクスのサービス業務

　サードパーティロジスティクスのサービス業務については，荷主の多様なニーズに適応して，輸送，保管だけではなくロジスティクスはもちろんのことロジスティクスに関連する周辺業務を含む。具体的サービス業務について運輸経済研究センター（現運輸政策機構）の報告書は図表14－3のとおり述べている。

図表14－3　3PLのサービス事業内容

1．支払運賃の監査
2．荷主運輸部の代行
3．情報機器の設定
4．書類作成・輸送管理及びクレーム処理
5．配送手配（クロスドッキングやJIT）
6．運行管理（鉄道・トラック運行管理，倉庫拠点手配，運賃折衝等の総合管理）
7．複合輸送
8．国際ロジスティクス

（出所）　運輸経済研究センター編「内外価格差を踏まえた運輸サービスのコスト低減方策等に関する調査報告書」1997年3月。

　筆者はサードパーティロジスティクスのサービス業務として

(1)　顧客サービス

(2)　輸　配　送

(3)　倉庫と保管

(4)　在庫（原材料・資材，製品）管理

(5)　受　発　注

(6)　荷　　　役

(7)　情報システム

図表14-4　アウトソーシングの対象

1. 資産管理
   - 投資削減
   - 資源の柔軟な配分
   - ビジネスサイクルの平準化
2. マーケティング
   - ターゲットマーケティングまたはテストマーケティング
   - 内外の市場への普及
   - 周辺地域への浸透
   - 区域別営業
   - 顧客サービス戦略の多様化
3. 調達
   - 納品日程
   - 単一ソースに基づくさまざまなサービスの提供
   - 供給ライン全体の管理
4. パッケージ／ラベリング
   - 内外市場へのパッケージの差別化
   - 再パッケージ（リパック）
   - 輸送梱包
   - 付加価値パッケージ
   - シュリング包装
   - ラベリング
   - 値札付け
   - 特定の地域や市場へのクーポン発行
   - 展示用パレットの確立
   - ＰＯＰ展示
5. 配送
   - 時間厳守と高度な配送管理
   - 納期の保証
   - 配送の順序化
   - 配送ルートの積載計画
   - 貨物の補強（ラッシング）
   - リアルタイムの情報管理
   - 貨物追跡
   - 混載・集約
   - 中小企業の共同配送
6. 物流
   - 現場での倉庫管理
   - 自社及び取引先の在庫システムの管理
   - 注文充足計画の管理
   - シリアルナンバー管理と日付管理（製品廃棄日を類別し，また，ＥＤＩを通じて回収能力を管理する）
   - 日程管理と補充
   - クロスドッキング
   - 組立
   - サブ組立
   - ピッキング／パッケージライン
   - バーコード
   - 検査と試験
   - 受注入力ーＥＤＩによる受注とその処理
7. 据付と指導
   - 配送同時据付
   - ビデオテープによるトレーニングの実施
   - 受注後数時間で納品し組立，設置
8. 還流物流
   - 修理
   - 製品の分解とスクラップ化
   - 返品管理
9. 輸入・輸出等
   - 世界的規模でのスムースな事業運営の実現，輸入・輸出にあたっての支援業務の提供，事務処理
   - 通関業務
   - 非居住輸入業者のための業務
   - ＦＴＺ（外国貿易地域）支援
10. 人事管理
    - 自社及び取引先の従業員の選別
    - 労働契約締結
    - 生産性の管理

Figure 29-1. Service offered by third party logistics Suppliers. (From Transportation and Distribution, July 1992. Used by courtesy of the Focus Group, Inc, Daton, OH)

（出所）　J. A. Tompkins, & D. A. Harmelink, The Distribution Management Handbook McGRAW-Hill. 1994.

(8)　廃棄物回収処理

(9)　返品処理

(10)　その他，輸出入業務，検品，納品代行，代金清算

などを考えている。しかし，将来は，サービス業務は，ロジスティクス関連業務だけでなく，さらに，拡大していくものと思われる（図表14-4）。

5　サードパーティロジスティクスのもとでの荷主と物流事業者の関係

　サードパーティロジスティクスのもとでは当然のこととして，荷主と物流事業者との間には，ロジスティクスおよびその周辺業務の戦略的アウトソーシング（外注化）が行われる。

　戦略的アウトソーシングについて通産省は，「企業等の組織が従来内製していた，または，新たに始める機能や業務についてコア業務への経営資源の集中，専門性の確保，コスト削減などの明確な戦略的目的を持って業務の設計から運営までの一切を外注化すること」と定義している。このロジスティクスおよびその周辺業務の戦略的アウトソーシングこそサードパーティロジスティクスである。

　この外注化には一般的な外注化と戦略的な外注化がある。一般的な外注化の場合は，従来，荷主と物流事業者との間で行われていた元請契約がある（図表14-5）。

　一方，戦略的アウトソーシングによる契約は包括契約で図表14-6のとおりである。

　荷主と物流事業者の関係は戦略的アウトソーシングのもとでは次のようになる。

(1)　一括委託契約（包括契約）であること
　　　複数の物流事業者との個別契約ではなく，真に信頼できる特定優良業者との一括委託契約（包括契約）である。
(2)　イコールパートナー関係であること
　　　上下関係のある下請関係ではなく平等なイコールパートナー関係である。
(3)　相互利益（Win-Win）の関係であること
　　　荷主の利益と物流事業者の利益が互いに相反する対立関係から，荷主の利益と物流事業者の利益は共に生み出す相互利益（Win-Win）の関係である。

第14章　サードパーティロジスティクス　191

図表14-5　元請契約

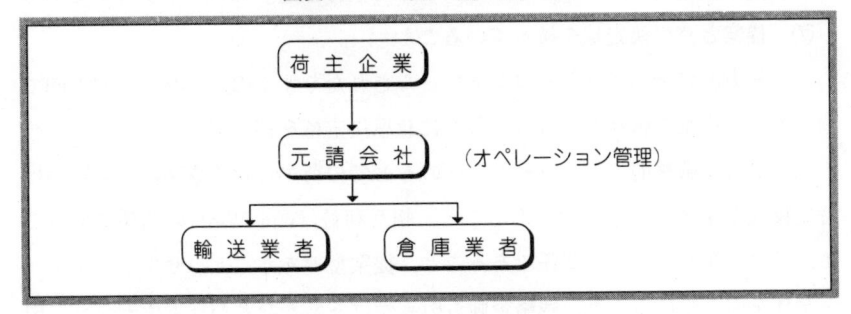

```
        荷主企業
           │
           ↓
        元請会社      （オペレーション管理）
         ┌─┴─┐
      輸送業者  倉庫業者
```

図表14-6　3PLとの契約方式

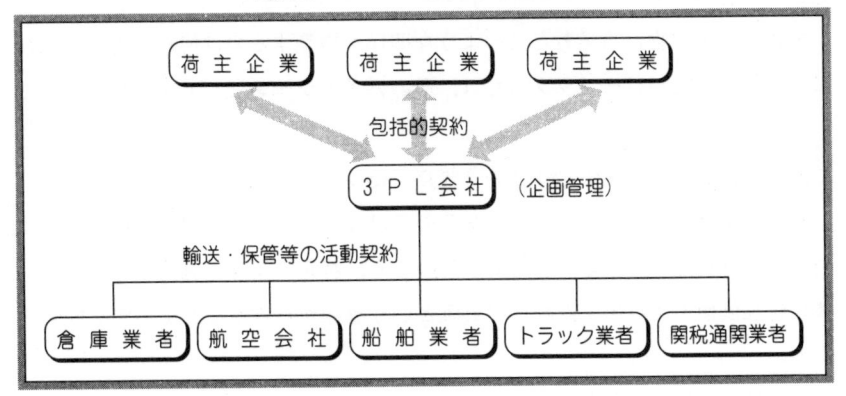

```
  荷主企業   荷主企業   荷主企業
      ↖       ↕       ↗
         包括的契約
            │
         3PL会社    （企画管理）
            │
     輸送・保管等の活動契約
   ┌──────┬──────┼──────┬──────┐
 倉庫業者 航空会社 船舶業者 トラック業者 関税通関業者
```

（出所）　三和総合研究所「物流関連ニューサービスの実態に関する調査研究」（一部修正）1997年3月。

(4) オペレーションから戦略企画・問題解決型であること

　　荷主の物流オペレーションを中心にやるのではなく荷主のオペレーションはもちろんのこと，戦略企画や問題解決を行う関係である。

(5) サプライチェーン機能全体を引き受けること

　　調達，保管，輸送など業務をセグメント単位で引き受けるのではなく，サプライチェーン機能全体を引き受ける。

(6) 「全体最適」によるコスト削減を行うこと

　　複数の物流事業者の競争による「部分最適」のコストダウンではなく，

特定優良業者のコーディネイトによる「全体最適」のコストダウンである。

(7) 提案と意思決定権を持っていること

一方的に指示されたりコントロールされたりするのではなく，双方向であり，提案を積極的に行うとともに意思決定権を持っている。

以上から，戦略的アウトソーシングのもとでの荷主と物流事業者との関係は，特定優良企業との包括契約であること，相互利益（Win-Win）の関係であること，イコールパートナー関係であること，提案型であること，サプライチェーン全体を引き受けること，戦略企画も引き受けることなどパートナーシップ関係にその特徴がある。

では，荷主と物流事業者とこのような関係を構築するのは何が必要か。これについてD.J.バワーソックスらは，そのガイドラインとして次の点をあげている[7]。

第1は，チャネル関係全体という視点にたつことである。

特定の業務や役割に焦点を合わせるのではなく，チャネル関係全体の目的は，何かという視点からみるべきである。つまり，特定の業務や機能をチャネル全体の付加価値を生み出す過程への貢献という意味からみることが必要不可欠である。

第2は，選択的調和をはかることである。

提携は，長期契約であり，多くのビジネス活動に特有な浮き沈みに直面する。強力な提携を維持するには，サービス業者は，忍耐力を持つ必要がある。ロジスティクス提携を反映させるには，ビジネスがうまくいかない時のインパクトにどうサービス業者が対応できるかである。うまく締結されたいくつかのパートナー協定は，周期的な異常なビジネス変動に特有な利益とリクスをお互いに分かち合うメカニズムを取り入れる必要がある。

第3は，情報を共有することである。

情報の共有は，提携を保持する接着剤である。この情報は，戦略計画から操業上の細部に及ぶ。共通のゴールに向かう共同作業は，情報の公開を必要とする。ユーザーとサービス業者との業務を同期化することを保証する上で，完全

な情報交換が必要不可欠である。

第4は，役割分担を明確化することである。

ロジスティクスの提携を行うプレーヤーは，特別な役割を持っている。この役割は，通常，提携を成立させる交渉中に明確にされ詳細に説明される。期待を達成するため，関係者は，それぞれ明確な経営目標を持つ必要がある。あるプロセスに多数の関係者が参加することによって，細部が見直され，機能を繰り返し行う機会が生み出される。付加価値を生み出す業務プロセスは，契約期間中年がら年中行われ責任の所在が曖昧になることはない。

第5は，基本原則を決めておくことである。

ロジスティクス提携がいつでも効果的に機能するには，明確で包括的な基本原則が必要である。それには，サービス業者が，ユーザーの組織の企業文化を十分理解し取り入れたり吸収したりすることが必要不可欠である。

ロジスティクス提携の一般的状態は，協力関係である。それにもかかわらず，問題は起こるものであり，起こった場合は，速やかに解決しなければならない。基本原則を十分確立しておけば，衝突した時の解決が容易である。ロジスティクス提携の目標に対し，正常に機能しなくなる前に，不可避の衝突を回避するのが第1の目的である。包括的な基本原則をあらかじめ決めておけば提携の永続性が保証される。

第6は，提携に関して解消自由を決めておくことである。

ロジスティクス提携は，通常，その性格が自発的，協調的なものであるため，良好な関係も時には終焉を迎えることがあることを全当事者が十分理解しておくことがきわめて大切である。提携形成の背後にある1つの目的は，長期にわたる安定的な関係の確立にあるが，時には当事者が変更を望むことがあることに留意すべきである。

以上，荷主と物流事業者のパートナーシップの確立についてみてきたが，筆者は，お互いの業務の理解から始まって，お互いにふさわしい相手を選ぶこと，お互いの期待をマッチさせること，お互いの業務をマッチさせることが重要なポイントと考える。

6　サードパーティロジスティクスのメリット，デメリット

　サードパーティロジスティクスのメリットについて，まず，荷主の立場からみる。

　荷主のメリットとして次の点があげられる。

(1)　専門化することによってコストが削減できること

　　各々の企業が専門化することによって最も効率的に経済的に業務が可能になる。企業が強味に集中できることによって収益性の向上がはかれる。

(2)　シナジー効果が得られること

　　どの企業も社内に十分な資源を持ち合わせていない。お互いに提携することによって競争的地位を改善しながらコストや時間を削減できる。また，比較的安いコストで強味をつくることもできる。そのため，新しい技術や市場への接近が可能になる。さらに適応性や柔軟性を増すことができる。

(3)　計画支援のための情報が多く得られること

　　戦略的提携はジョイントして計画することになるので当然のこととして多くの情報を共有する必要が出てくる。

(4)　顧客サービスを向上させることができること

　　顧客満足増進を焦点にすることによって新しいサービスアプローチを推進させることになる。

(5)　リスクを減らすことができること，リスクを共有できること（Reduced or Shared Risk)

　　戦略的提携はリスクや不確実性を減少させようという希望から動機づけられる。そのため提携は新しい市場への参入や新製品開発に関連するコストを回避あるいは相殺を可能にする。

(6)　創造性を共有できること

　　創造性を共有することによって戦略的提携を発展させることができる。

異なった考え方，経験，ユニークなアイディアは成功の確率を高める。
(7) 競争の優位性を確保できること

戦略的提携によって重要な能力を活用すること，イノベーションを増すこと，市場や技術変化への迅速な反応など柔軟性を改善することなど競争的地位の飛躍的な向上をもたらす。

などである[8]。

筆者は，荷主のメリットとして，上記の他，物流コストがハッキリつかめること，物流の人材を他部門で活用できること，生産や販売に力がそそげることである。要は，サプライチェーン機能を高めることで同業他社と差別化できることである。

一方，物流事業者にとってもメリットが大きい。物流事業者にとって，成長性を維持向上できるとともに収益性の向上がはかれる。

それは共同配送など物流共同化による顧客シナジー効果や，ロジスティクススキル，サプライチェーンマネジメントスキル，情報システム構築能力など，自社の業務や情報システムの改革効果，さらには物流事業者の最適なネットワーク効果などによって，経営の多角化がはかれること，新規荷主の獲得がはかれること，ロジスティクス業務を一貫して管理できるので，業務の効率化がはかれること，業務の専門化がはかれること，ロジスティクスのノウハウを身につけることができること，荷主との信頼関係を築けること，さらには情報システムの構築によって荷主の逸脱を防ぐことが可能になる。

以上，メリットについてみてきたが，サードパーティロジスティクスは，メリットばかりではなくデメリットもあることに留意すべきである。

つまり，荷主にとってコントロールができないこと，顧客へ直接関与できないこと，リスクがともなうこと，秘密が漏洩する恐れがあること，雇用問題，従業員の志気低下，ノウハウの流失，品質管理の問題などがある。

一方，物流事業者にとって，受託まで大幅な費用がかかること，従業員の引き受けを強要される恐れがあること，投資回収ができないという恐れがあることなどである。

【注】

1) J.F.Robeson, & W.C.Copacino, The Logistics Handbook. Free Press, 1994, p.835.
2) W.C.コパチーノ稿「4PL(フォースパーティロジスティクス)」輸送経済新聞社「流通設計」1998年3月, pp.38〜39。
3) D.J.Bowersox, & D.J.Closs, Logistical Management. McGRAW-Hill, 1996, p.112.
4) 前出1に同じ, pp.836〜837。
5) J.A.Tompkins, & D.A.Harmelink, The Distribution Management Handbook. McGRAW-Hill, 1994, pp.29.2〜29.3.
6) 輸送経済新聞社編「日本の物流事業'98」1998年, p.13.
7) Michigan State University. Leading Edge Logistics Competitive Positioning for the 1990s. CLM, 1989, pp.224〜228.
8) D.J.Bowersox, Logistical Excellence. Digital Press, 1992, pp.144〜152.

[第15章] サードパーティロジスティクス事業者の選定と契約

　サードパーティロジスティクスは，ロジスティクス分野において最先端の領域になっており，それに投資すればかなり成果が得られ，また，荷主およびサードパーティロジスティクス事業者双方に，顧客サービスの向上や費用削減の機会を提供して競争の優位性を確保する手段となるものである。

　筆者は，サードパーティロジスティクスは，将来に向けてロジスティクスの主要な課題となると考える。そしてサードパーティロジスティクス市場は今後も着実に増加すると思われる。

　サードパーティロジスティクスのもとでの荷主とサードパーティロジスティクス事業者との関係について，双方が，平等の立場で，各々の長所を生かし，協力，協調して相互利益（Win-Win）の関係を得るパートナーシップ関係にこそ，その本質がある。

　そこで本章では，これらの関係を構築する基盤となるサードパーティロジスティクス事業者の選定と契約について述べる。

1 サードパーティロジスティクス事業者の選定

　サードパーティロジスティクス事業者選定方式には，荷主主導型と物流事業

者主導型の2つがある。荷主主導型には公開コンペと荷主が物流事業者を指定して問題を提起する方式があり，物流事業者主導型には物流事業者が提案する方式がある。

ここでは，主として荷主主導型について考える。

サードパーティロジスティクス事業者選定にあたっては，R.A.ギルモア3世（フォーカスグループ㈱社長）は，次の段階を踏むことが肝要であると指摘している[1]。

第1段階　業務内容を明確化すること

　　　ロジスティクス業務を外注化しようとする時，業務内容の明確化など業務の詳細をハッキリさせる必要がある。

　　　業務内容は，たとえば，全製品の物理的特性，ハンドリングと輸送上の全必要事項，製品の移動のパターン，情報の流れ，ならびに，ロジスティクスプロセスのあらゆる細部を詳細に記述する。

　　　外注化によって，外部の業者と仕事をする時には，なされるべきものは何か，また，それらの目標を達成することによって社内の機能にどう影響を与えるかを詳細に記述することが肝要である。何故なら，これをしっかりやらないとサードパーティが効果的に機能しないからである。

第2段階　目標と選定基準を確立すること

　　　これは，荷主にとって，ロジスティクス業務をサードパーティロジスティクス事業者に外注化することによって最大の便益が得られるようにすることである。

　　　それは，目標をハッキリさせることと選定基準を確立することによって，最もふさわしいサードパーティロジスティクス事業者を選ぶことができる。

　　　また，外注化することによって，荷主の業務プロセスとうまくマッチさせることができる。

　　　目標を明確にし，選定基準を確立するプロセスは，業務をアウトソーシングすることによって，それが荷主の業務プロセスにインプットされるよう設計される必要がある。

第15章 サードパーティロジスティクス事業者の選定と契約　199

これをやらないとサードパーティをうまく活用できないし，場合によっては失敗しかねない。

第3段階　質の高い物流事業者を選ぶこと

選定基準にもとづいて十分な時間をかけて質の高いプロバイダーを識別する必要がある。

それには外部の専門機関や各種の新聞，雑誌の利用を考える。

この場合，1社にしぼる方法と数社を選んで公開コンペ方式をとる方法がある。

第4段階　提案を要請すること

いよいよ提案を要請することになるが，提案するにあたっては，物流事業者が，提案しやすいように配慮することが肝要である。提案要件として，ロジスティクス計画の特徴や会社のビジネスや目標を十分説明することである。

物流事業者は，荷主のことを全然知らないという前提にもとづいて情報を提供すべきである。製品ライン，出荷ボリューム，成長予測，産業の特性などの情報は最も重要である。

これらの情報によって，物流事業者は，ロジスティクス計画のコストについて適切に計算することが可能になる。さらに，特別な情報の提供も重要で，その情報には

(1)　特別な業務内容

(2)　最終顧客の必要要件

(3)　情報技術の必要要件

(4)　付加価値サービス要件

(5)　設備，装置のロケーションとその必要

などである。

第5段階　入札を評価すること

入札を評価するにあたっては次のことを留意する。

(1)　顧客サービス能力

その会社の顧客サービス能力はどの程度か。
(2) 地理的位置
設備，装置の地理的位置はどうか。
(3) コスト大網
上記システムにもとづいてコストがどうなるか，またどの程度削減されるか。
(4) トップの姿勢
トップがどの程度関与しているか，トップのリーダーシップは，さらには，トップはしっかりした経営哲学を持っているか。
(5) 情報システムのノウハウ
これは大変重要である。情報技術能力をどの程度持ち合わせているか。
(6) 強味と弱味
物流事業者の強味はどうか。どんな弱味があるか。
(7) 物流事業者の財務内容
財務内容は健全かどうか。

以上，ギルモア3世の考えについてみてきたが，筆者は，入札評価について，上記の他，次のことについても留意すべき点と考える。
(1) 物流事業者のカルチュア
価値感，信念，規範など企業文化を受け入れられるか。
(2) システム内容
システム内容については，サプライチェーンの企画，業務遂行管理の一部，または，全部の提案，ソフトパッケージの提案（荷主のサプライチェーンの最適化パッケージや貨物追跡のソフトパッケージ）などがあるが，これらがふさわしいかどうか。
(3) 業務知識・能力
ロジスティクス，サプライチェーンマネジメントに関する専門知識は十分持っているか，また業務能力を十分そなえているか。

(4) 荷主企業の業務の精通度

　　荷主企業の業務知識はもちろんのこと，業界知識にどの程度精通しているか。

(5) 提案の早さ

　　スピード時代に提案の速さが重要である。たとえば，公開コンペに改革案の提案が早いか。

(6) その他物流事業者の外見

などである。要は物流事業者の信用と能力が最重要な選定条件である。

また，選定にあたっては当然のこととしてトップマネジメントの関与が欠かせないこと，物流部門だけでなく，販売・生産・情報システム・財務部門を巻き込んでの横断的なコンセンサスを得る必要がある。

以上荷主主導での物流事業者の選定方式についてみてきたが，物流事業者の立場から荷主に対する選定条件についてみると以下のとおりである。

(1) 業 務 内 容

　　スピード化による顧客サービス，情報ソフトパッケージ，運行管理システムなど自社の強みを生かせる内容かどうか。

(2) 提 案 料

　　落札までのコストが大幅にかかる。提案するためには多額の費用がかかるため，それが回収できる規模かどうか。

(3) 成 功 報 酬

　　これは最も重要なことである。物流事業者が保証したコスト削減目標以上の成果をあげた場合，双方で利益を分けあうようになっているか。リスクはあるが成果を上げればインセンティブが得られる。

(4) 契 約 期 間

　　契約期間についてはあまり短すぎると投資を回収できないという問題がある。たとえば，3年以下の契約はしないという会社もある。

(5) 荷主の財務内容

　　荷主の財務内容は安定しているか，また，潜在的，顕在的に成長著しい

企業かどうか。
(6) 準備状況

組織，技術，情報整備などの点で，アウトソーシングを受けるだけの準備ができているかどうか。
(7) その他荷主の名声

などである。

2　サードパーティロジスティクス事業者との契約

サードパーティロジスティクス事業者の選定が終わると次は契約の段階に入る。

サードパーティロジスティクス契約をするにあたり，

(1) サードパーティロジスティクス事業者は，投資資金の回収ができること

(2) 荷主は，原因のいかんによらず解約を選択できること

が大変重要な要素となる[2]。

荷主とサードパーティロジスティクス事業者が契約するうえでの主な留意事項は以下のとおりである。

(1) 業務内容と物流コストを具体的に明記すること

① 業務内容

業務内容は，荷主と物流事業者が初めて事業提携をするにあたり，きわめて重要である。この業務内容がハッキリしなければ，物流事業者は何をしてよいのか分からないし，また，荷主は何に対して支払うのか明確に把握できない。この業務内容は，あらゆる細部について詳しく規定する必要がある。業務内容は，荷主と物流業務の提供者とが，双方の専門分野の代表者の出席を求めて，共同で作成する必要がある。特殊業務も，業務内容に含める必要がある。

また，業務内容には，不測の事態への規定を設け，これに対処する手段を明記する必要がある．一般に，サードパーティロジスティクス事業者は，業務内容で言及していないが，ロジスティクス業務全般に影響を及ぼす可能性のある品目を受け取るか拒否するかを判断できる必要がある．たとえば，予定外の危険物を受け取ると，流通センターや輸送ルートの業務に多大な影響が出るなどである[3]．

② 物流コスト

物流コストをどう設定して契約するかが最大の課題である．一般的に物流コストの設定については，大きくはコミッション方式，実費プラス利益方式，ゲインシェアリング（利益分配）方式などがある．それぞれについてみると以下のとおりである．

a　コミッション方式

これには手数料を支払う方法と実費にプラスして手数料を支払う方法である．

b　実費プラス利益方式

・マークアップ方式

かかった原価を全部荷主に公開してそのうえで利益，たとえば10%上乗せする．

・クローズドブック方式

マークアップ方式を数年続けてやってきて，お互いの信頼関係が築かれた段階で，たとえば車1台当たりのロジスティクスコストを設定する．

c　ゲインシェアリング（利益分配）方式

業務受託契約時に一定のコスト削減目標を保証し，それ以上の成果を上げた場合は，それを荷主と分配する[4]．

以上，物流コストの設定についてみてきたが，これについて，物流事業者にとって投資資金が回収できることは勿論のこと，お互いに相互利益（Win-Win）の関係で納得した物流コストを契約することが肝要である．

(2) 業績評価測定指標を定め，その業務品質を確保するよう明記すること

　サードパーティロジスティクス事業者が，たとえば定められた業務内容を遂行できなかった場合，また，荷主が最低物流量を確保できなかった場合にペナルティを科すことを記する。それには，当然のこととして，業務内容やコストに関する業績評価測定指標を定めて，その業務品質を担保する必要がある[5]。

(3) 荷主とサードパーティロジスティクス事業者がリスクを分担することを明記すること

　契約終結時のルールは，契約の最も重要な部分である。両当事者がサードパーティロジスティクス契約を締結する場合，一方の当事者である物流事業者は，かなりの投資を行うことになり，また他方の当事者である荷主は，管理上の手抜かりがあったり実施基準に準拠しない取り扱いがあった場合，これにどう対処するか懸念することになる。こうした状況への対策としては，荷主がなんらかの理由を比較的簡単に通知するだけで契約を終結できるようにすることがあげられる。荷主がこの終結権の行使を選択する場合には，未回収の融資（融資されたのではない）や所有資産に対する支払いに同意し，サードパーティの事業に関連したリース契約を引き継がなければならない。これにより荷主は，あとで契約終結という判断が正しかったという状況になるかどうかに関係なく，また，理由のあるなしを問わず，安心して契約を終結できるようになる。こうした「安全弁」があれば，物流事業者は，契約終結となっても，事前の計画に従って資産への投入金額が保証されるという安心感をもって事業に投資できるようになる。物流事業者は，契約関係を終結するにあたって全資産を詳しく記し，また，契約期間中に購入した資産について荷主に情報提供しなければならない。

　これは契約終結の場合，どちらが資産を取得するのかという問題である。このジレンマを解決する1つの方法は，契約期間の前半に，荷主が自動的に資産に対する権原を取得できるようにすることである。物流事業者が所有資産の残余の価値を業務価格決めの1つの要因と考える場合には，契約

期間の後半に解約があった時に，追加支払いを求める権利を与える。

　他に，立ち上げ状況では，調査時の作業量に従って業務の価格決めをするよう物流事業者は求められることが多い。しかしながら，提案内容が提出されてから立ち上がりまで半年から1年が経過してしまうことも度々ある。この期間中に事情が変わるようなことがあると，物流事業者は作業量について調整することを文書化する必要がある[6]。

(4) 損害賠償の責任と限界を明記すること

　損害賠償の責任を明確にすることは当然である。また，損害について誰れが保険を提供するかを明確にする必要がある。

　たとえば，間接的な損害は，保険を受けられないリスクや取引に支障を生じさせることがある。荷主の立場からすれば，売上げの損失につながる事故や，生産ラインがストップしたり，従業員が終日自宅待機となる納入の遅れは大きな金銭的犠牲をともなうことがある。この場合，荷主は物流事業者から損害賠償金を徴収したいと考える。逆に，物流事業者はこうした偶発事故には保険がかけられないか，こうした保険費用はなんとしても避けたいと考える。サードパーティとの取引料金にこうした追加費用を加えることは，経費面で無理なことがあるし，またサードパーティとの関係がない場合には，かかる事故が発生すると，これに対し主として荷主が責任を負わなければならなくなる[7]。

(5) 契約不履行の場合の措置とその是正措置を明記すること

　契約不履行の場合の措置をハッキリ明記することは大変重要である。

　また「契約不履行の是正にあたって，物流事業者にはどれほどの時間が与えられるか」という問題は，契約を取り決める際に，かならずと言ってよいほど論議の的となる。荷主は物品を顧客に遅滞なく納入しようと思っているし，物流事業者は契約不履行状態の是正に一定の時間を必要とする。ポイントはタイミングと問題の重大性である。契約不履行が発生し，しかもこの契約不履行が適時に是正されない場合には，本契約の終結条件に従って，契約を終結し，終結にともなう料金を支払うことになる[8]。

(6) その他，契約期間を明記すること

これは，物流事業者にとって投資資金を回収できるかどうかということで大変重要である。

最後に，契約は，作成するのに数週間，場合によって数カ月かかることがあり，双方の企業のさまざまな専門分野の人間が関与する必要がある。また，荷主とサードパーティロジスティクス事業者との関係がうまくいっている例をみると，特別な契約関係は存在しておらず，契約終結の妥当な方法の規定が絶対に必要であり，また，説得力があって遺漏なく仕上げた契約書によって，買主と売主との関係が正常なものとなることが多いことに留意する必要がある。

さらに，サードパーティロジスティクス契約を締結するにあたって最も重要な要件は，各当事者サイドに大きな権限を持つ責任者が存在するということである。残念なことに，こうした責任者は，契約期間中に昇進があったり仕事を変えたりすることが多く，代わりの人間が，買主と売主との関係がどのようなものであるかを解釈する立場に置かれることになる。説得力のある契約書が存在しないと，こうした状況になった場合，不測の事態を招くことが多いので留意が必要である[9]。

【注】

1) J.A.Tompkins, & D.A.Harmelink, The Distribution Management Handbook. McGRAW-Hill, 1994. pp.29.5～29.6.
2) 前出1に同じ，pp.29.7～29.8。
3) 前出1に同じ，p.29.8。
4) 運輸経済研究センター編「内外価格差を踏まえた運輸関連サービスのコスト低減方策等に関する調査報告書」1998年3月，p.43。
5) 輸送経済新聞社編「流通設計」1999年7月，p.34，pp.40～45。
6) 前出1に同じ，pp.29.11～29.13。
7) 前出1に同じ，pp.29.10～29.11。
8) 前出1に同じ，pp.29.14～29.15。
9) 前出1に同じ，p.29.16。

[第16章] サードパーティロジスティクス事業の現状と課題

　アメリカではサードパーティロジスティクス事業は1990年代に誕生し，現在は発展期を迎えている。サードパーティロジスティクス事業の市場は2000年には60億ドルと推定され，その成長率は年率18～22%とかなり高い[1]。

　アメリカではサードパーティロジスティクス事業に最初に参入したのは伝統的な倉庫業，輸送キャリア，ブローカー，フォワーダなどであるが，最近は，卸売業，物流子会社，コンサルタント会社やシステム設計業者などが参入してきている。

　毎日，サードパーティロジスティクス事業へ多くの新規参入者がいる一方で撤退者も多く，サードパーティロジスティクス事業の市場の業界勢力地図は未だ定まっていない。

　サードパーティロジスティクスは，21世紀を迎えるにあたり大きく発展し，それが，21世紀にはロジスティクス統合の主流になるのではないかと推察される。

　そこで，本章ではサードパーティロジスティクス事業の現状と課題について検討する。

1　サードパーティロジスティクス事業者の形態

サードパーティロジスティクス事業者の形態についてみると、資産ベースのサードパーティロジスティクス事業者（アセット型）と無資産ベースのサードパーティロジスティクス事業者（ノンアセット型）と2つがある。

それぞれの特徴は以下のとおりである。

(1) 資産ベースサードパーティロジスティクス事業者（アセット型）
  ① トラックや倉庫など自社の資産として所有、運営することで荷主企業へのサービスを提供すること
  ② 従来の運輸市場での物流事業者のサービスの提供を主としていること
  ③ 運輸事業者や倉庫事業者を母体としていること
  ④ 大手企業が多いこと
  ⑤ 資産があっても荷主の物流を優先して最適化することが可能な業者であること
  ⑥ 自社のトラック、倉庫の活用にはこだわらないこと
  などである。

(2) 無資産ベースサードパーティロジスティクス事業者（ノンアセット型）
  ① トラックや倉庫を持たないで物流業務全般の管理能力や物流ネットワーク構築のための輸送ルート・倉庫立地選定を行うコンサルテーション能力など特殊なスキルを持ち、これらのスキルを荷主企業に提供すること
  ② 従来とは明らかに異なるサービスを売っていること。そういう点で、今後の市場動向を占う意味で注目に値する存在であること
  ③ フォワーダやコンサルタント会社を母体としていること
  ④ 中小業者が多いこと
  などである。

図表16-1 戦略的事業基盤とサービス範囲で分けた米国3PL業者

戦略的事業基盤				
マネジメント	フリッツカンパニーズ（カリフォルニア）ピッツバーグロジスティクス（ペンシルバニア）	メンロロジスティクス（カリフォルニア）キャタピラロジスティクス（イリノイ）ハブロジスティクス（イリノイ）CHロビンソン（ミネソタ）	サークル（カリフォルニア）
マネジメント＋アセット型		シュナイダーロジスティクス（ウィスコンシン）ペンスキーロジスティクス（ペンシルバニア）フェデックスLEC&C（テネシー）JBハントロジスティクス（アーカンソー）	ライダーインテグレイテットロジスティクス（フロリダ）カリバーロジスティクス（オハイオ）UPSロジスティクス（ジョージア）GATXロジスティクス（フロリダ）スカイウェイ（カリフォルニア）ロジックス（イリノイ）
アセット型	ビルダーズトランスポート（サウスカロライナ）	USCOディストリビューションサービス（コネチカット）	エクセルロジスティクス（オハイオ）
	機能限定型 ←──── サービス範囲 ────→ 多機能型		

注：（　）内は本社所在州
出典：アンダーセンコンサルティング

（出所）　輸送経済新聞社編「日本の物流事業98」1998年。

　以上，サードパーティロジスティクス事業者について，アセット型か，ノンアセット型かで区別してきたが，これについてアンダーセンコンサルティングのロジスティクス部門責任者のW.C.コパチーノは，「この区分はあまり意味がなくなったという認識が高まってきており，物流事業者は自社の得意・不得意分野をハッキリ認識する必要がある。そして，マネジメント型か，アセット型かに分け，さらに，サービス項目の多寡によって機能限定型から多機能型に分けて示している（図表16-1）。この中でアセット型については資産があっても荷主の物流業務の最適化を優先できる業者であって自社のトラックや倉庫を利用するということではない。また，これらの会社の特徴として，いずれの会社

も親会社を持っている。独立系のサードパーティロジスティクス事業者が現われないのは情報関連をはじめとする莫大な初期投資が必要だからだ」と述べている[2]。

2 サードパーティロジスティクスへの障害とその克服

　サードパーティロジスティクスの先進国アメリカにおいても，サードパーティロジスティクス事業者の質の問題やサービスレベルの共通認識の欠如などからサードパーティロジスティクスは必ずしも順調に進んでいない。
　H.L.ランドールは，荷主の立場からサードパーティロジスティクス実行への障害として次の5点をあげている[3]。
(1)　多くの機能が関連していること
　　　ロジスティクスの外注化は，単に輸送依頼，輸送サービスを契約することとは違ってより複雑である。この意思決定はロジスティクスはもちろんのこと，生産，販売，マーケティングさらには財務にまで関連している。したがって，意思決定は複雑になる。この外注化は新しいため，まだ，会社全体としてロジスティクス外注化への決定について公式化されていないことが多い。
(2)　機能別購入行動と報酬構造が革新を妨げていること
　　　ロジスティクス外注化によって，企業にスケールメリット，輸送コスト減少をもたらす。しかし，もしこれによって輸送部門のマネジャーのみが報酬を受け，評価されるならば，他の部門のマネジャーはそれには乗る気にならないだろう。
(3)　在庫について誰も責任がないこと
　　　より信頼のおけるサプライチェーンの効果はチャネル内の在庫削減である。チャネル内の在庫水準について誰に責任があるか，また，在庫削減に

興味を誰が持っているかを識別することは困難である。在庫削減の便益について誰も責任を持っていないなら，ロジスティクス外注化を行うことへの協力を喜んでしないだろう。

(4) マネジャーは固定化されることを恐れていること

マネジャーはロジスティクス外注化は1つのキャリアから他のキャリアにシフトするのと違って，在庫管理，マテハン，輸送など複雑なプロセスへのコントロールをあきらめることになる。サプライヤーの変更はより複雑になる。そのためロジスティクス外注化の契約は長期間になり，多くのマネジャーは，1つのサプライヤーに過度に依存することに気をつかうことになる。

(5) ベンチマーキングが欠如していること

ロジスティクス外注化の承認を得るには財務的な便益の評価が必要である。しかし，実際にトータル物流コストをベンチマーキングすることは大変困難がともなうし，実際に存在する不完全なデータは，今まで認められなかったトータル物流コストが勘定に入れられるため，ロジスティクス外注化によってコストがむしろ明るみに出てしまう結果になる。

などである。

筆者は，わが国の場合，社内のコンセンサスがなかなか得られないこと，業務を一括委託した時，その余剰人員の活用先がないこと，トップマネジメントの承認がなかなか得られないことが，サードパーティロジスティクスの実行の障害になっていると考える。

ではこれらの障害を打ち破るにはどうしたらよいか。これについてランドールは，次の点が重要であると指摘している[4]。

第1は，強いニーズがあること

市場や製品の変化への対応，資本や人的資源の制約，ロジスティクス情報システムの向上など企業のサードパーティロジスティクス事業者利用の強いニーズがあることが肝要である。

第2は，価値が見えること

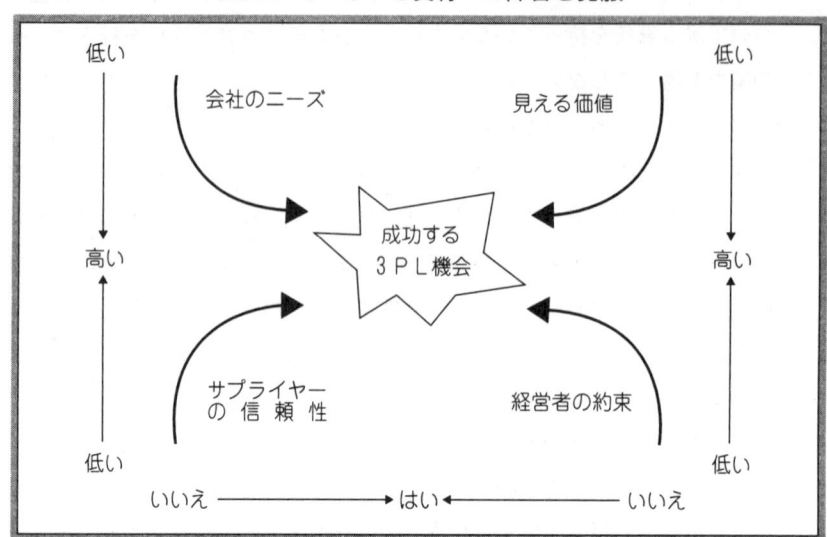

図表16-2　3PL実行への障害と克服

```
低い              低い
 ↓  会社のニーズ   見える価値  ↓
         ↘     ↙
 ↑      成功する      ↑
 高い     3PL機会     高い
         ↗     ↖
 ↑  サプライヤー   経営者の約束  ↑
    の 信 頼 性
 低い              低い
   いいえ──→ はい ←──いいえ
```

（出所）　J. F. Robeson, & W. C. Copacino, The Logistics Handbook. Free press, 1994.

　ロジスティクス外注化によって便益がハッキリ見える必要である。それには現在の状況をベンチマーキングする必要がある。また，改善によって期待されるコストとサービスを定量化することが大事である。
　第3は，サプライヤーの信頼が得られること
　効果的なロジスティクスマネジメントは生産や販売機能の成功にとって大変重要である。サプライヤーを信頼できないようでは，ロジスティクス外注化などとてもできない。
　第4は，経営者の約束が得られること
　これは最も重要でロジスティクス外注化について，トップマネジメントの約束や支援がなければ，うまくいかない。これがないとアイディアの段階でとどまり，実行にはなかなか結びつかない。
などである（図表16-2）。
　筆者は，サードパーティロジスティクスの目的がハッキリしていること，トップマネジメントの支援が得られること，信頼が得られること，平等の関係

が得られることが大変重要であると考える。

3　サードパーティロジスティクス事業の必要要件

　物流事業者がサードパーティロジスティクス事業を行うにはどのような条件が必要か考えてみる。

　まず，コパチーノは，サードパーティロジスティクス事業者について最低限次のことが必要であると指摘している[5]。

(1) すぐれたサービス品質

　　他社と差別化したすぐれた顧客サービスを提供できる能力を持つことが重要である。また，サービス品質の向上へのたえざる努力が必要である。そのためには，急な要請にも応えられるよう，サービス品質プログラムを持っていることである。

(2) 強力な情報システム能力

　　先進的な情報システム能力は，1990年代において競争に勝ち抜くための必須条件である。

　　これらのシステムは，ロジスティクス領域における幅広い機能性，ＥＤＩ能力，顧客の必要に対応するため，顧客のシステムにリンクするようシステムをカスタマイズするスキルなどを強化する必要がある。

(3) フルサービス能力

　　将来，成功するサードパーティロジスティクス事業者は，まちがいなくロジスティクスに関してフルサービスを提供する能力を示すことが肝要である。さらに，組立てやパッケージングなど付加価値サービスを提供できる能力が必要となる。

(4) 強力な分析スキル

　　加えて，サードパーティロジスティクス事業者は，荷主に，新しい業務

オプションを分析し，そのオプションのコストとサービスを評価できるツールを提供できないといけない。

　顧客の競争力を増加させる実際的な業務テクニックや戦略を概念化する能力は，サードパーティロジスティクス事業者にとっては重要な特性である。

(5) レーザー光線のように焦点をしぼること

　サードパーティロジスティクス事業者が成功するには，明確なサービスを提供できる事業やその一連の事業に焦点をあてることである。これによってサードパーティロジスティクス事業者が産業セグメント，特別なハンドリングあるいは付加価値サービスなどに高度なサービスを確立できることである。

　以上，コパチーノのサードパーティロジスティクス事業者の最低必要条件についてみてきたが，筆者は，物流事業者が荷主のすべてのロジスティクス業務を一括受託するには，次のことが必要と考える。

(1) 業務能力の優秀性

　企画力，提案力，問題解決能力，さらには情報技術力を使った業務能力の優秀性が必要である。

(2) グローバルなサービス能力

　海外での物流ネットワークなどを持つ必要がある。また，国際複合一貫輸送が可能であることである。さらに，その国の言葉がしゃべれることはもちろん，外国人を理解できるか，また，外国人と一緒に仕事ができるかなど国際的感覚を持った人材を必要とする。

(3) 業界の専門知識

　荷主に劣らないぐらいの業界知識を身につける必要がある。それがないと価値ある問題解決はできない。

(4) サプライチェーンを連結し最適化し管理する能力

　人脈，ネットワークを駆使してサプライチェーンを連結する能力はもちろんのこと，サプライチェーンを分析し，変革，システムを開発し，管理

する能力が必要である。

(5) 情報インフラの整備

物流事業者は，情報インフラを持たないと，荷主企業のロジスティクス周辺業務の一括受託は難しいのではないか。情報インフラを整備して，そこに荷主の貨物を一括引き受けたほうが，システム化しやすいとともに，一貫したロジスティクスサービスの提供が可能になる。そういう点で，情報インフラ整備は欠かせない。

それには情報インフラ整備のための多額の資金が必要である。中小の物流事業者といえども，無理だと初めからあきらめないで，荷主の新しいニーズを的確につかみ，情報インフラ整備のための必要な資金調達を考えるべきである。

などがどうしても必要であると考える。

いずれにしても，顧客サービス，業務知識・能力，情報技術，サプライチェーンマネジメント能力などで他社と差別化できる強みを持つことがどうしても必要不可欠である。

以上サードパーティロジスティクス事業の必要要件についてみてきたが，これらを要約すれば，物流事業者の人材育成が最重要課題であることはまちがいない。

4 わが国のサードパーティロジスティクス事業者の特徴

わが国で現在，サードパーティロジスティクス事業に進出している主な事業者は図表16－3のとおりである。

ここでわが国のサードパーティロジスティクス事業者の特徴についてアメリカとの比較でみると

(1) 物流の視点から出ていないこと

図表16-3　欧米と日本の3PL業者

区　分	欧　米	日　本
トラック	ライダーインテグレイテットロジスティクス，ロジックス，メンロロジスティクス，J．B．ハント，シュナイダー，ASG（スウェーデン）	日通，福山通運，佐川急便，第一貨物，西鉄運輸，中越通運
倉　庫	エクセルロジスティクス，USCOディストリビューションサービス	富士ロジテック，ケイヒン
鉄　道	スカイウェイ	－
航　空	フェデックスLEC&C，DHL，ロジックスアドバンテージ	－
船　舶	アメリカンプレジデンドロジスティクス，ネドロイドフローマスター（オランダ）	－
コンサルタント，システムインテグレーター	アンダーセンコンサルティング，EDS&ATカーニィ	ヤマトシステム開発
メーカーの子会社	キャピタラーロジスティクスサービス	NECロジスティクス，日立物流，住電装ロジネット
フォワーダ	クーネ＆ナーゲル（ドイツ），エアエクスプレスインターナショナル，シェンカー（ドイツ），ダンザス（スイス），フリッツカンパニーズ	近鉄エクスプレス，郵船航空サービス
卸売業者	CHロビンソン	国分，菱食
その他	カリバーロジスティクス	三井物産，住友商事　伊藤忠商事

（出所）　各種業界新聞，雑誌より作成。

　　アメリカでは，経営の視点で考えているのに対して，わが国では物流の視点つまり物流の枠内で考えている。

(2) オペレーション中心であること

　　アメリカでは，戦略企画型や問題解決型に対して，わが国ではオペレーション型である。

(3) トップのリーダーシップ，人的資源，情報技術に弱いこと
　　アメリカでは，トップのリーダーシップ，人的資源，情報技術が強いのに対して，わが国ではいずれも弱い。
(4) ノウハウ系が少ないこと
　　アメリカでは，ノウハウ系が有勢であるのに対して，わが国ではハード系が多くノウハウ系が少ない。
(5) 高度情報技術の活用について遅れていること
　　アメリカでは，先進情報技術活用型に対して，わが国では並レベルの情報活用型であること
(6) わが国ではトラック運送業や物流子会社が多いこと
　　アメリカでは，倉庫，鉄道，航空，船舶出身が多いのに対して，わが国ではトラック運送業や物流子会社に限られている。

などである。

以上からわが国のサードパーティロジスティクス事業者はアメリカと比べてかなり劣っているように思われる。

5　わが国でのサードパーティロジスティクスの定着課題

筆者は，サードパーティロジスティクスは，将来ロジスティクスの主流になるかもしれないとさえ思っているが，このサードパーティロジスティクスはわが国に定着するのであろうか。

わが国では，サードパーティロジスティクスを実行する上で，荷主，物流事業者とも次のような多くの課題を抱えているように思われる。

(1) 荷主の課題
　① 荷主は，真に物流事業者の能力を信用しているか。
　　　荷主は，物流事業者が起こす災害や事故に頭をいためている。また，

顧客対応などサービス力について不満を抱いている。さらに，物流事業者がなかなか提案をしてこないということを不満に思っている。要は，荷主は物流事業者をあまり信用していない。

② 一括委託した場合の雇用問題をどう解決するか。

ロジスティクス業務を一括委託した場合，荷主の一番大きな問題はその余剰労働力をどう活用するかである。余剰労働力を他職場で活用することは難しい。また，物流事業者に引き取ってもらうことはさらに困難である。

③ トップの理解やリーダーシップが得られるか。

わが国では公開コンペになじみがうすい。また，公開コンペで今まで使ってきた物流事業者を切れるかという難しい問題がある。さらに，系列とか慣れ合いから，従来の物流事業者を利用したいという気持が強い。

④ 物流事業者に情報を開示できるか。

これは，最も難しい問題である。荷主の情報開示へのガードはかたいと言わざるを得ない。実体をみると，荷主は，事業計画，販売・生産計画，実績情報を物流事業者に開示することに消極的である。

⑤ 荷主は物流事業者とイコールパートナーという意識を持てるか。

荷主は，物流事業者に，業務について指示命令に慣れており，自分の方が一格上という意識がある。荷主がこれらの意識を払拭してイコールパートナー意識を持つことができるかという問題がある。

⑥ 荷主のロジスティクスレベルが低くないか。

社内的な「物の動き」の統合である生販物統合（ロジスティクス）がまだ十分行われていない荷主が多くあり，ロジスティクス業務の戦略的アウトソーシングができるかという問題がある。

⑦ その他，わが国では荷主が，本業への回帰やコアビジネス（競争力のある事業）への特化があまり進んでいない。また，企業によっては物流業務を内製化（Insourcing）するところさえある。

要するに，系列やなじみの業者の利用を考えているトップマネジメント

の理解が得られるか，事業計画，生産・販売計画などの情報が開示できるか，さらに，業務委託後の余剰人員の活用先，さらに荷主のロジスティクスレベルの問題などが荷主の最大の課題である。

(2) 物流事業者の課題

① 物流事業者は徹頭徹尾，荷主の立場にたてるか。

物流事業者は，荷主を経験した者が少ない。たとえば，輸配送について，運転者は荷主の一員としての自覚を持って，顧客から製品に関する意見を収集する必要がある。また，物流事業者は荷主に対して被害者意識，対立意識，コンプレックス意識を払拭できていない。

② 荷主業界の知識や情報を荷主と同等かそれ以上持っているか。

物流事業者は，荷主の市場情報，販売情報，業界情報，チャネル，取引条件など業界の専門知識や情報を持っているか。たとえば，自動車メーカーの物流業務を一括受託する以上，自動車業界のことは荷主以上に知る必要がある。

③ 物流事業者のトップはしっかりした経営哲学を持っているか。

トップの経営哲学は大変重要である。物流事業者のトップの考え方は，公開コンペの時に入札評価では大きな要素になる。

④ トップの理解とリーダーシップが得られるか。

系列や慣れ合った親会社から脱皮できるかという問題がある。

物流業務の一括受託というプロジェクト業務に進んで取り組めるか，またリスクを冒せるか，さらに，ゲインシェアリング方式（利益分配方式，ハイリスクハイリターン）を認知できるかということである。

⑤ 他の物流事業者と差別化できるものがあるか。

これは大変重要な問題である。

他の物流事業者と差別化できるコアコンピタンス（競争力の源）を持っているかということである。たとえば，情報システムに強いとか，顧客サービス力が高いとか，運転者の教育にずば抜けているとかである。

⑥ 情報システムエンジニアは育っているか。

これは最重要課題である。

ロジスティクスシステムやサプライチェーンマネジメントの情報システムを構築できる人材がそろっているか，また，育成しているかということである。

⑦ グローバルなサービス遂行能力を持っているか。

グローバル化を迎えて，荷主はどんどん海外に進出している。つまり，荷主のグローバルロジスティクスやグローバルサプライチェーンマネジメントが進展している。当然のこととして物流事業者もグローバル化せざるを得ない。海外での物流ネットワークを持っているか，また，グローバルな複合一貫輸送ができるか，さらに，そんな中で国際感覚を持った人材がいるか。

⑧ サプライチェーンを最適化できる能力を持っているか。

サプライチェーンを連結するというインテグレーターの役割をはたせるか，さらに，サプライチェーンを分析し，改革を実現するため，システム開発力を持っているかということである。

⑨ 荷主コンサルタント業務から始まってシステム構築ができるか。

運送・保険業者からコンサルタント業者へ，さらに，システム設計業者へ変身できる能力を持っているかということである。

⑩ サプライチェーンを結ぶという意識を持てるか。

サプライチェーンを連結業(インテグレーター)という新しい業態への転換が可能か。

など多くの課題をかかえている。

要は，情報技術やロジスティクスなどプロが育っているかなど人的能力の問題，また，親会社の営業機能からの脱皮や利益分配型のフィー体系や公開コンペなどについてトップマネジメントの理解が得られるか，さらには情報システムのレベルの低さなどが物流事業者の最大の課題である。

以上を考えるとわが国にサードパーティロジスティクスが定着するかはかなり厳しいと言わざるを得ない。

しかし，物流事業者は「運ぶ」「保管する」という業務だけではこれから生き残りが難しい。物流事業者は，今後ロジスティクスベンチャーに取り組む必要がある。そういう点で物流事業者はサードパーティロジスティクスを積極的に推進することが急務であることはまちがいない。

今後，わが国でサードパーティロジスティクスが定着するには，荷主の課題も重大だが，むしろ物流事業者のあり方いかんにかかっていると言っても過言でないのではないか。物流事業者が，これらの課題を克服するには，結局人材の育成が最重要課題であると考える。

最後に，今までサードパーティロジスティクス事業の現状と課題についてみてきたが，将来，サードパーティロジスティクスはどう変化していくのであろうか。

サードパーティロジスティクス先進国であるアメリカにおいても，サービスレベルの問題について共通のコミットメントができていないこと，サードパーティロジスティクスのサービス業務の拡大も大事だが，カスタマイズにまだまだ十分でないこと，サードパーティロジスティクスの目的はサプライチェーン機能全体の最適化にあるが，まだまだ，2つか3つの機能しか統合が進んでいないことなど課題をかかえていると言われているが，サードパーティロジスティクスは21世紀に向けて着実に発展していくものと推察される。

筆者は，サードパーティロジスティクスの将来について，次のように発展していくものと思われる。

第1は，サードパーティロジスティクス事業者同士や異業種の合従連衡の動きが活発化すること

輸送業務，倉庫業務，通関業務などのサードパーティロジスティクス事業者同士，海を越えて，外国のサードパーティロジスティクス事業者，さらにはコンサルタント会社との合従連衡の動きが急速に高まるであろう。

第2は，フォースパーティロジスティクス（4PL）へとサードパーティロジスティクスの高度化が進むこと。

前に述べたように将来のサードパーティロジスティクスは，ロジスティクス

機能を2または3以上組み合わせて提供するサードパーティロジスティクスから，顧客のサプライチェーン全体の最適化を支援したり，顧客と沢山のロジスティクスサービスプロバイダーを連携させる統一体を目指したフォースパーティロジスティクスすなわち高度なサードパーティロジスティクスへと進展するであろう[6]。

そして，将来高度なサイドパーティロジスティクス（4PL）事業者になるにはサプライチェーン全体の最適化のため

(1) サプライチェーンの構造や物の流れの全体を再構築するための分析や意思決定を支援できる能力
(2) 共同物流や輸配送計画作成，マテハン，在庫管理などを含む広範囲なロジスティクス業務の執行能力
(3) ロジスティクス情報システムに関する先進的な知識と最新情報技術やEDIを活用できる能力
(4) 顧客の業務改革，組織変更，業務提携の推進を支援できる能力

など多くの能力を身につける必要がある[7]。

【注】
1) The University of Tennessee. Exel Logistics. Ernst & Young. Third Party Logistics Services : Views from the Customers. 1999, pp.4〜5.
2) 輸送経済新聞社編「日本物流事業'98」1998年，p.14。
3) J.F.Robeson, & W.C.Copacino, The Logistics Handbook. Free Press, 1994, pp.512〜514.
4) 前出3に同じ，pp.512〜514。
5) W.C.Copacino, Supply Chain Management. The St.Lucie Press, 1997, pp.167〜168.
6) J.L.Gattorna, Strategic Supply Chain Alignment.Gower, 1998, p.430.
7) W.C.コパチーノ稿「4PL（フォースパーティロジスティクス），3PLのその先へ」輸送経済新聞社「流通設計」1998年3月，p.39。

索　引

英語索引

ＡＢＣ	82
ＡＰＳ	146
ＡＳＮ	149
ＣＬＭ	5, 6, 7, 19, 20, 115, 179
ＣＰＦＲ	146
ＤＲＰ	4, 91, 147, 148
ＤＲＰⅡ	4, 91
ＥＣＲ戦略	151
ＥＤＩ	24, 154, 189, 222
ＥＲＰ	146
ＥＶＡ	174, 177
ＪＩＴ	59, 123, 188
ＪＩＴ生産方式	123
ＫＢＳ	155
ＭＲＰ	4, 91
ＭＲＰⅡ	4, 91
ＮＣＰＤＭ	5, 19
ＰＯＡ（総資産利益率）	142
ＰＯＳ	136
ＰＯＳ，ＥＤＩ	118
ＰＯＳ情報	94, 118, 123, 147
ＱＲ	150, 151
ＲＯＡ	101
ＲＯＥ（株主資本利益率）	182
ＲＯＮＡ	177
Ｓ＆ＯＰ	90
ＳＫＵ	103, 108
ＴＣ	132, 150
ＶＡＮ－ＥＤＩ	154
ＶＭＩ	147, 148, 153
ＷＥＢ－ＥＤＩ	154

日本語索引

【あ】

アセット型	208, 209

【い】

一括委託	152, 180, 218
一括委託契約	190
一括受託	180, 214, 215, 219
一括納入	149, 153
一括配送	150
一括物流	142, 149
インターナルサプライチェーンマネジメント	12
インターネットサプライチェーンロジスティクス	13, 42
インターフェース活動	93
インターフェースの活動領域	93

【え】

エクスターナルサプライチェーンマネジメント	12
エクストラネット	155
エクストラネットワーク	154
延期（postponement）戦略	50
延期原理	159
延期戦略	56, 123, 158, 161, 163, 169, 170

【お】

オープンシステム	54

【か】

回帰分析	100
回避可能性原価	82

カスタマイズ……………157, 185, 213, 221
カスタマイゼイション化………………157
活動基準原価計算……………………177
活動別原価計算…………………………82
株主重視経営…………………………182
株主重視経営指向………………181, 184
環境ロジスティクス……………12, 33, 35
還流ロジスティクスの統合……………37

【き】

基幹業務統合情報システム……………146
企業間サプライチェーン
　　統合…………2, 6, 12, 25, 109, 125, 172
企業間サプライチェーン
　　統合システム………………6, 7, 66, 141
企業内サプライチェーン
　　統合…………1, 5, 6, 12, 25, 85, 109, 111, 125
企業内サプライチェーン
　　統合システム………………65, 66, 141
規制緩和………ⅱ, 5, 7, 16, 18, 59, 60, 61, 62,
　　　　　63, 64, 65, 181, 182, 184
機能限定型……………………………209
境界越え…………………………………41
業界プラットホーム…………………139
供給連鎖管理……………………7, 66, 109
業績評価……………123, 171, 173, 176
競争の優位性……ⅰ, ⅱ, 35, 39, 65, 77, 110,
　　　　　114, 125, 138, 139, 171,
　　　　　187, 195
協働………………ⅱ, 111, 142, 146, 154, 155
協働供給体制…………………………154
協働需要予測…………………………146
共同配送………………………50, 118, 195
共同物流…………………………118, 222

【く】

クライアントサーバシステム…………155
グリーンロジスティクス
　　システム……………………………37, 41

グループウエア………………………154
クローズドブック方式………………203
グローバリゼーション………16, 18, 33, 180,
　　　　　　　　　　　　181, 184
グローバル化………ⅰ, 7, 11, 17, 18, 59,
　　　　　　　　　67, 182, 220
グローバルサプライチェーン
　　マネジメント………………12, 42, 220
グローバルロジスティクス……………35
クロスドッキング………………152, 188
クロスドッキングシステム……………148
クロスドック……………………102, 149
グローバル化……………………………1

【け】

経営のムダ………………………………99
経済的付加価値………………………177
経済の暗黒大陸………………………3, 9
継続的商品補充………………………147
ゲインシェアリング
　　(利益分配)方式………………203, 219
結合概念…………………………27, 28, 29
原価帰属…………………………………82
原価配賦…………………………………82
原材料・資材所要量計画………………4, 91

【こ】

コアコンピタンス…………ⅱ, 110, 114, 219
公式化……………………………136, 137
後方支援業務……………………………15
効率的品揃え…………………………151
効率的消費者対応……………………150
効率的商品補充………………………151
効率的新商品開発……………………151
効率的販売促進………………………151
顧客維持……………………70, 71, 75, 83, 173
顧客化…………………………………157
顧客サービス差別化戦略………………67
顧客サービス戦略………………65, 67, 75

索　引

顧客サービスの質 ……………………65, 173
顧客サービスの目標 ………………21, 62, 65
顧客サービスパッケージ ……49, 75, 77, 78,
　　　　　　　　　　　　　　　79, 80
顧客サービス目標 ………………7, 68, 69, 80
顧客サービス要素 …………………73, 74, 77
顧客創出 ………………………………70, 71, 173
顧客直結（コンシューマーダイレクト）… 3
国際複合一貫輸送………………………………214
コストセンター機能 ……………………………60
コミッション方式………………………………203
コモディティ……………………………………155
コモディティ化 …………………………………67

【さ】

サードパーティ ……7, 135, 152, 199, 204, 205
サードパーティ供給者…………………………179
サードパーティとの協定………………………135
サードパーティロジスティクス
　契約…………………………………202, 204, 206
サードパーティロジスティクス
　事業……………………………………213, 215
サードパーティロジスティクス事業者
　…………184, 185, 187, 197, 198, 202, 203,
　　　　　204, 206, 207, 208, 209, 210, 211,
　　　　　213, 214, 215, 217
サードパーティロジスティクス
　戦略……………………………………152, 154
サービスプロバイダー…………………………136
サイバースペース ………………………………13
先送り ……………………………95, 102, 136, 150
サプライチェーン………………………12, 24, 116
サプライチェーンウェブ ………………………13
サプライチェーン間競争 ………………………13
サプライチェーン効果…………………………210
サプライチェーン
　プロセス…………………………115, 117, 122, 126
サプライチェーンマップ…………………143, 144
サプライチェーンマネジメント

（戦略）……………65, 66, 115, 116, 141, 155
サプライチェーンリレーション
　………………………………125, 138, 139, 142
サプライチェーンロジスティクス
　システム ………………………………………36
サプライヤーの論理……………………………119
差別化手段 ……………………34, 35, 37, 40, 70
差別化戦略 ……………………………………21, 65

【し】

ジェオグラフィカルサプライ
　チェーンマネジメント ………………………12
時系列分析………………………………………100
資材調達ネット…………………………………154
システムアプローチ ………………33, 34, 35
事前出荷明細……………………………………149
実需発生点…………………………158, 160, 161, 162
ジャストインタイム……………………ⅰ, 18, 149
ジャストインタイム化 ………………………… 1
需給統合体制…………………………………92, 147
需要維持…………………………………………126
需要創出 ……………………………………12, 126
需要予測 ………19, 46, 47, 48, 51, 53, 63, 90,
　　　　　　　98, 100, 133, 146, 155
純資産利益率……………………………………177
情報技術の急速な革新 ………………………… 1
情報へのアクセス…………………………136, 137
静脈（返品・回収）物流………………………21

【す】

垂直的統合…………………………………135, 142
水平的統合…………………………………135, 142
スーパーロジスティクス ………………………42
スピード化……28, 29, 88, 114, 125, 142, 145,
　　　　　　　154, 157, 171, 186, 187, 201
スピード化戦略 …………………………………88

【せ】

生産延期戦略………………………163, 164, 165, 166

生産計画…………………19, 47, 48, 90, 99, 104,
　　　　　　　　　　　　105, 106, 118, 133
生産資源計画 ……………………………4, 91
生産の論理 ………………………………26, 86
製版同盟 …………………………… 11, 27, 39
生販物会議 …………………………99, 105, 108
生販物調整 …………………………………85
生販物統合戦略 …………………………65, 86
製品差別化戦略 ……………………………67
制約条件 ……………………… 86, 87, 144, 145
制約理論 ……………………………… 87, 145
セグメント(層別)化 …………… 34, 75, 77, 82
全体情況的均衡 ……………………………29
全体的なムダ ………………………………86
先端プランニングシステム ………………146
戦略的アウトソーシング
　　　　　　 ………… 7, 139, 179, 190, 192, 218
戦略的コミットメント ……………………138
戦略的コントラクト ………………………138
戦略的提携 …… ii, 7, 36, 110, 123, 194, 195,
　　　　　　　134, 135, 136, 137, 138, 194, 195
戦略的物流 …………………………… 8, 10, 38

【そ】

相互利益 ………………… 113, 117, 123, 138,
　　　　　　　　　　　190, 192, 197, 203
総資産利益率 ………………… 101, 176, 178
総通過時間 …………………………… 29, 91
増分原価 ……………………………… 81, 82

【た】

第3の利潤源 ……………………… 9, 10, 38
多機能型 ……………………………………209
多頻度小口配送 ………………………11, 38
多変量解析 …………………………………100
短納期生産供給 ……………………………150

【ち】

チャネルマネジメント概念 ………………111

調達機能 ……………………………………55
調達の論理 ………………………… 26, 86, 105
調達物流 ………1, 4, 5, 21, 34, 35, 54, 105, 107, 153
直送 …………………………………… 82, 151

【て】

提案型物流 …………………………………179
デジタルピッキングシステム ……………94
デマンドチェーン ……………………117, 126
デマンドチェーンマネジメント …………12
電子データ交換 ……………………………154

【と】

統一体 …………………………… 28, 112, 113
同期化 …………… 28, 86, 87, 102, 119, 120, 134,
　　　　　　　　　142, 144, 145, 192
同期化戦略 …………………………………144
投機原理 ………………………… 158, 159, 161
投機戦略 ………………… 157, 163, 166, 167, 168, 169
統合(Integration)概念 ……………… 23, 24
統合アプローチ指向 ………………………112
統合概念 …………………… 27, 29, 113, 125
統合サプライチェーンマネジメント ……35
統合的サービス契約 ………………… 135, 136
統合デマンド・サプライチェーン
　　マネジメント ……………………… 12, 42
同時並行計画化 ………… 90, 94, 106, 119,
　　　　　　　　　　　120, 133, 146
トータルコスト …… 33, 68, 69, 149, 174, 177
トータルコストアプローチ
　　　………………………3, 28, 29, 34, 35, 174
トータルコスト最小 …………………… 27, 28
トータルコストシステム …………………27
トータルコスト分析 ………………27, 68, 77
トータルシステム …………………………28
トータル物流コスト ……… 11, 26, 29, 39, 42,
　　　　　　　　　　　172, 186, 211
トータル物流コスト最小 ……………… 29, 113
ドメスティックサプライチェーン

マネジメント	12
トランスファーセンター	132, 150
トレード・オフ	3, 26, 29, 60, 68, 76, 168

【な】

内製化	218

【に】

入荷予定表	149

【ね】

ネットワークの経済性	114

【の】

ノード	33, 35
ノンアセット型	208
ノンストップ補充	147

【は】

パートナーシップ	6, 36, 66, 109, 110, 118, 142, 155, 193
パートナーシップ関係	55, 113, 135, 138, 139, 192, 197
バックホールシステム	153
販売・業務計画	90, 123
販売の論理	26, 86

【ひ】

ビジョン設定会議	62
兵站	15

【ふ】

フォースパーティロジスティクス	221
複合一貫輸送	50, 135, 182, 220
物流管理組織	10
物流共同化	195
物流コスト管理	8, 9, 10, 38
物流コスト低減	36
物流システム	10, 36, 37

物流システム化	26
物流二法	18
物流ネットワーク	92, 121, 152, 181, 186, 214
物流ネットワーク設計	62
物流の論理	26, 86
部門内サプライチェーン統合	25
フル延期戦略	163, 165, 166, 167, 168
フル投機戦略	163, 164, 165, 166, 167, 168
プロセス志向	63
プロセス指向	112, 125

【へ】

ベンダー在庫管理	147, 153
ベンチマーキング	144, 211, 212
ベンチマーキング分析	77

【ほ】

包括契約	190, 192

【ま】

マークアップ方式	203
マーケティングネットワーク	130
埋没原価	82
マネジメントアプローチ	111, 125
マネジメント型	209

【む】

無在庫物流	148

【め】

メーカー論理	119

【も】

モジュール化	169

【り】

リーン生産方式	123
リバースチェーン	12, 127, 128

リバースチェーンプロセス………127, 128
リバースチェーンマネジメント…………127
リバースロジスティクス
　（還流ロジスティクス）…………12, 35, 43
流通資源計画………………………………4, 91
流通所要量計画……………………………4, 91
流通の論理…………………………………119
利用可能性……49, 51, 65, 72, 74, 75, 85, 126
リンク………………………………………33, 35

【る】

ループサプライチェーン
　マネジメント……………………………12, 13

【れ】

連結性………………………………………136, 137

【ろ】

ロジスティクス延期
　（見込生産・在庫集約）戦略…163, 166, 168

ロジスティクス延期戦略………163, 165, 166
ロジスティクス概念………………19, 31, 32, 35,
　　　　　　　　　　　　　　　　　36, 40, 41
ロジスティクス活動…31, 46, 47, 48, 60, 158,
　　　　　　　　　　　　159, 161, 163, 166
ロジスティクス機能…………45, 47, 48, 60,
　　　　　　　　　　　　　　　63, 68, 69
ロジスティクス計画………60, 61, 63, 64, 199
ロジスティクスサービス
　プロバイダー……………13, 136, 185, 222
ロジスティクス戦略………59, 60, 61, 62, 63,
　　　　　　　　　　　　　　　64, 65, 76
ロジスティクス戦略ピラミッド………62, 64
ロジスティクスチャネルマネジメント…5
ロジスティクスネットワーク…130, 131, 132
ロジスティクスベンチャー…………188, 221
ロジスティクスリードタイム…………88, 95
ロジスティクスリード
　タイムギャップ………………88, 94, 95

著者紹介

菊池康也（きくち・こうや）

1937年	群馬県前橋市生まれ
1961年	一橋大学商学部卒業
	キリンビール㈱を経て
現　在	新潟産業大学経済学部教授
著　書	「物流再構築のすすめ」（同友館）
	「2時間でロジスティクスがわかる本」（同友館）
	「実例にみる物流人材育成戦略」（中央経済社）
	「最新ロジスティクス入門（改訂版）」（税務経理協会）
	「物流管理論」（税務経理協会）
	「企業物流地位向上の条件」（税務経理協会）
	他多数

著者との契約により検印省略

平成12年9月1日　初版発行

ロジスティクス概論

著　者	菊　池　康　也
発　行　者	大　坪　嘉　春
印　刷　所	税経印刷株式会社
製　本　所	三　森　製　本　所

発行所　東京都新宿区下落合2丁目5番13号　株式会社　税務経理協会

郵便番号　161-0033　振替 00190-2-187408　電話(03)3953-3301(編集部)
FAX(03)3565-3391　　　　　　(03)3953-3325(営業部)
URL http://www.zeikei.co.jp/
乱丁・落丁の場合はお取替えいたします。

ⓒ 菊池康也 2000　　　　　　　　　　Printed in Japan

本書の内容の一部又は全部を無断で複写複製（コピー）することは、法律で認められた場合を除き、著者及び出版社の権利侵害となりますので、コピーの必要がある場合は、予め当社あて許諾を求めて下さい。

ISBN4-419-03635-4　C1034